酒店
经营与设计

姚儒国◎著

中国财富出版社

图书在版编目（CIP）数据

酒店经营与设计／姚儒国著．—北京：中国财富出版社，2018.7（2021.7 重印）
ISBN 978－7－5047－6665－6

Ⅰ.①酒… Ⅱ.①姚… Ⅲ.①饭店—经营管理②饭店—建筑设计
Ⅳ.①F719.3②TU247.4

中国版本图书馆 CIP 数据核字（2018）第 110274 号

策划编辑 谢晓绚 **责任编辑** 张冬梅 周 畅
责任印制 梁 凡 郭紫楠 **责任校对** 孙会香 卓闪闪 **责任发行** 董 倩

出版发行 中国财富出版社
社　　址 北京市丰台区南四环西路 188 号 5 区20 楼 **邮政编码** 100070
电　　话 010－52227588 转 2098（发行部） 010－52227588 转 321（总编室）
010－52227588 转 100（读者服务部） 010－52227588 转 305（质检部）
网　　址 http://www.cfpress.com.cn
经　　销 新华书店
印　　刷 北京九州迅驰传媒文化有限公司
书　　号 ISBN 978－7－5047－6665－6/F·2891
开　　本 710mm×1000mm 1/16 **版　　次** 2018 年 9 月第 1 版
印　　张 11.75 **印　　次** 2021 年 7 月第 2 次印刷
字　　数 199 千字 **定　　价** 42.00 元

前言 | PREFACE

酒店的经营与设计是事关酒店长期运营且又错综复杂的大事，是酒店管理者十分重视的问题。近年来，因为民宿业的发展、酒店主题设计风格的多变、先进技术的快速发展以及酒店产品和设备的更新换代，酒店的经营和设计又给投资人、总经理等高层管理者带来了诸多挑战。

为了帮助酒店管理者准确把握酒店的经营、设计和建设方向，也为了建造一家高品质、低能耗、主题突出、设计专业的酒店，笔者总结30余年的工作经验、12家酒店的筹建经验，经过近50家酒店的考察、8年的笔耕不辍，终于完成了本书。本书对大量翔实的酒店经营和设计案例进行总结，从酒店经营、设计角度来谈酒店管理，将酒店经营与设计融合，有效解决了困惑酒店业多年的设计与经营问题。

本书开篇立足市场，从市场调研、确立酒店定位、制定酒店规划、明确酒店类型开始，紧紧抓住酒店经营这根线，来谈酒店项目的经营和设计。同时，本书还切合实际地提出，酒店要找到优秀的专业设计师，设计时应考虑到酒店的经营和投资回报。

本书紧抓一根主线（经营线）、两根辅线（管理线和宾客体验线），从宾客体验线入手，按照宾客进入酒店的流线、酒店向宾客提供服务的流程及经营过程中各项服务占酒店收入的比重，分配篇幅，以酒店大厅、酒店大堂吧、客房、自助餐厅、宴会厅、康乐中心等宾客服务流线配合酒店的经营来谈设计。谈设计时，主要强调了酒店各经营场所的设计细节，而这些都是经常被专业设计师遗忘的部分。

本书从酒店经营方面谈酒店硬装设计时，着重从酒店运营管理方面对酒店的智能化设计进行了详细阐述。从面向宾客、面向酒店经营、面向酒店后台管理、面向酒店运营管理四个方面，将酒店对宾客服务、经营、后台管理、运营等，通过酒店智能化的设计进行了有机融合，不仅有利于提升酒店个性化服务水平、增加宾客满意度、提高吸引力和竞争力，还能极大地提升酒店的盈利水平，使酒店运营更加高效和先进；不仅能有效降低酒店的运营成本，提高酒店管理水平，保障酒店运营安全，还可以加强收益管理，实现酒店利润最大化。

本书在阐述装修设计、智能化设计的同时，从酒店服务、菜单、客户关系管理三方面阐述了酒店服务的创意和设计，提出了“三精”原则、三个“好一点”要求以及服务设计注意的八个细节。

本书增加了很多人性化的设计及经营性设计，如残障人士客房、残障人士坡道、残障人士电梯等设施，儿童产品、儿童会员专属计划及家庭计划的设计、健身中心卖点的设计等。

本书可以为酒店设计人员提供酒店设计的参考和指导，让酒店设计少走弯路，帮助更多杰出的酒店设计人员和专业设计公司提高酒店设计、建设专业化水平，以更少的投资取得更好的效益，确保酒店设计更符合规范化、专业化等要求，并满足酒店日常经营需要，从而达到降低酒店建造成本的目的。

本书可以帮助酒店经营者、管理者更快地熟悉酒店业务，更好地参与酒店的基本建设，更好地筹建令客户满意的酒店；也可以帮酒店经营者更好地设计酒店的产品和服务，找到酒店的核心产品和核心竞争力，让酒店设计成功、经营成功。

本书可以帮助酒店业主方更清楚地了解他们需要怎样的酒店、怎样控制基本建设投资、怎样能以最少的钱达到投资收益最大化，更好地缩短酒店业的投资回收期。

目 录 | CONTENTS

1 酒店规划的细节

酒店的规划和设计要在充分满足功能的前提下进行，要以合理布局、考虑流线（酒店内部流程）等为切入点。酒店设计应从酒店的定位、功能、宾客体验舒适度及运转角度出发，逐渐提高宾客的认知度、满意度，满足酒店的功能需求，达到盈利的目的。从这个意义上来说，酒店规划设计的合理性、舒适性和易识别性，管理组织的便捷性和有序性，才是酒店经营的保障。

1.1 注重市场调研，确立酒店定位

市场调研的重要性不言而喻，酒店规划中也不能忽视市场调研。对酒店进行市场调研，确立酒店定位，是做好酒店规划设计的第一步。因此，一定要重视市场调研。

要点一：酒店的市场调研。

与生产或销售产品一样，在做酒店设计之前，也要进行市场调研。因为只有经过严格认真的市场调研，管理者才能真正了解酒店行业的现状和评定标准，才能感受酒店的环境和氛围，才能了解酒店的服务流水线。

酒店设计需要实现理性设计与感性设计的高度统一。在这个过程中，要重点做好下面三方面的工作。

（1）认真划分酒店功能。在规划设计酒店之前，要根据不同的市场定位、各种空间在酒店所占的位置和面积，制作一份功能划分示意图，从而保证酒店能满足宾客的各类需求，酒店可以顺利运转。国内酒店进行功能划分时，通常都有一套固定模式，设计含量比较低。因此，怎样在满足功能需求的基础上进行创新设计，是酒店设计追求的终极目标。

（2）合理设置酒店空间感。空间感是酒店整体建筑氛围带给人们的一种心理感受，最好将酒店的建筑规划与室内空间设计融合到一起，实现理性与感性的完美结合。通常，酒店都会设置较大的共享空间，如果想将室外的光、水、绿化引入室内，令建筑与室内空间实现完美融合，打破陈旧的空间利用模式，就要吸取过去的经验教训，不断创新。

（3）了解不同酒店的不同风格。进行酒店市场调研时，一定要对不同酒店的风格多加了解。不同的酒店，其设计风格也不一样，为了满足宾客的需要，为了彰显自己的特色，就要选择合适的酒店风格。酒店的不同风格如表 1 –1 所示。

表 1－1　　　　酒店的不同风格

酒店风格	特　点
新中式风格	线条简约流畅，内部设计精巧，多为古典风格，花纹与色彩体现的也是中国风
现代简约风格	线条简约流畅，色彩对比强烈；使用钢化玻璃、不锈钢等辅材，装饰元素很少
欧式古典风格	装饰华丽、色彩浓烈、造型精美，显得豪华气派；用家具和软装来营造整体效果，多使用深色橡木或枫木家具。此外，色彩鲜艳的布艺沙发、浪漫的罗马帘、精美的油画、制作精良的雕塑工艺品也是不可或缺的元素
北欧乡村风格	使用的基本上都是未经精细加工的原木，最大限度地保留了木材的原始色彩和质感，装饰效果异常独特。此外，常用的装饰材料还有石材、玻璃和铁艺等
地中海风格	通常会使用自然的柔和色彩，组合设计重视空间搭配；装饰线条简洁明快，散发着古老文明的气息。室内窗帘、桌巾、沙发套、灯罩等使用的都是低彩度色调和棉织品
日本风格	通常用自然界材料作为装饰材料，如木、竹、树皮、草、泥土、石等，显得清雅脱俗、富有禅意；灯光层次多变，多为暖色，光线柔和
田园风格	主要有两种田园风格：英式和法式。前者布艺华美，纯手工制作，含有碎花、条纹、苏格兰格等元素，乡土味道十足；家具呈现古典美，重视红、黄、蓝三种颜色的配搭。后者的主要特点是配色大胆，纹饰精美
东南亚风格	室内使用的材料大多都直接来自大自然，木材、藤、竹等是室内装饰的首选；色彩上以原藤、原木的色调为主，多数是褐色等深色系，同时用布艺加以点缀

要点二：确立酒店定位。

没有清晰务实的定位，不仅无法做好酒店规划，还无法给酒店带来业绩和回报，所以准确定位才是做好酒店规划设计的必要条件。

通常，酒店定位的主要内容如图 1－1 所示。

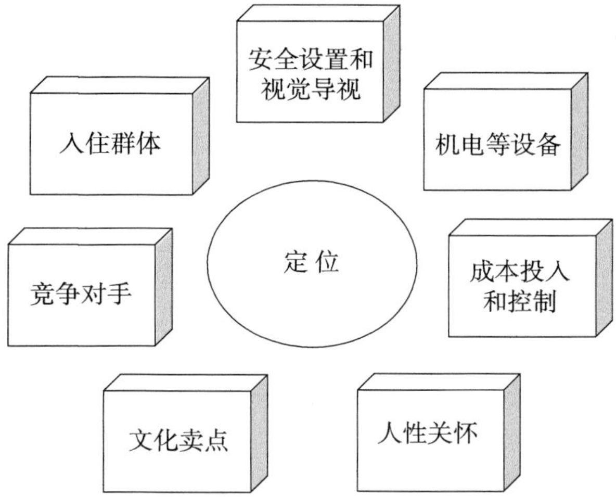

图 1－1　酒店定位

（1）入住群体的定位。所谓入住群体的定位是指酒店的主要消费群体是谁，这个群体有什么特点，这个群体的审美价值观如何，他们的消费习惯怎样，等等。

（2）竞争对手的定位。这里的竞争对手指的是区域潜在竞争者和竞争者，要明确竞争对手的同业价格和服务准则，比如对方的核心竞争力，对方有什么亮点，对方喜欢采用什么样的运营手段，对方的消费人群和价格定位如何等。

（3）文化卖点的定位。只有在最短的时间里融入所处的消费环境，才能为宾客提供最好的服务，并创造更有价值的服务，比如对当地人文环境的梳理和提炼、对当地自然环境的模仿等。

（4）人性关怀的定位。所谓人性关怀的定位指的是酒店的特色如何，酒店营业要突出什么特点。比如在服务运营中是突出全日制的细化贴身服务，还是突出宾客的消费体验、加大餐饮和娱乐项目的力度等。

（5）成本投入和控制的定位。酒店设计的成本投入基本包括机电等设备费用、装修装饰费用、人员筹备费用、运营费用、设计费等。在做成本定位的过程中，一定要对总的运营建设成本有基本的概念。

（6）机电等设备的定位。明确了大的投资额度后，要认真分析机电等能耗设备的投入成本和运营成本，之后依据实际情况选择合适的设计和采购方案。

（7）安全设置和视觉导视的定位。酒店不仅是服务项目，也是物业管理项目，在前期筹划过程中，要做好损失预防审查和安全保护的评估，之后对项目的安防设计进行调整。另外，设置酒店的视觉导视系统时，还要根据当地气候和地理条件，控制好光线和色彩。

1.2 制订酒店规划，明确酒店类型

在充分进行市场调研、确立酒店定位的基础上，要制订酒店规划，明确酒店类型。

目前，我国酒店类型如图 1－2 所示。

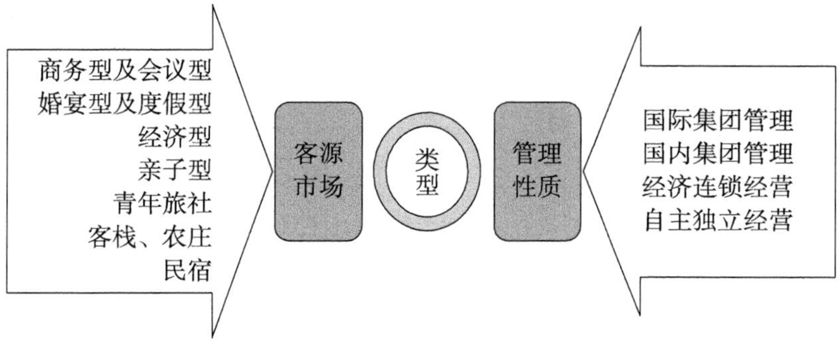

图 1－2　我国酒店类型

酒店规划设计是酒店的灵魂，要在确定酒店类型的基础上，做好相应的规划，然后进行设计。酒店设计通常分为以下几个阶段：规划设计、初步设计和施工图设计。同时，要让设计者针对不同地块的设计任务分别出具报价，并明确各阶段的设计费，如规划设计费（方案设计费）、初步设计费、施工图设计费等。

1.2.1 酒店的项目定位

要在了解酒店市场和酒店类型的基础上，对项目特点进行有效分析，准确定位。其要点主要有以下三个。

要点一：把握酒店项目定位的原则。

酒店项目定位通常要遵守下面几个原则：以项目的整体要求为参考；建立在客源市场需求和发展的基础上；重视政府规划和规范；以投资回报和项目整体效益为目标。

要点二：了解酒店项目定位的基本内容。

酒店项目定位的基本内容如表1－2所示。

表1－2　　酒店项目定位的基本内容

基本内容	说　明
市场供求分析	比如酒店市场现状、酒店未来发展趋势
定位分析	比如酒店的定位和战略，酒店类型、档次、规模，客源市场定位，设备设施及服务特色
功能布局分析	比如酒店客房、餐饮和公共部门指标，酒店后场功能及其指标，酒店各区域指标分析
财务分析	比如总投资估算，投资回报测算，盈亏平衡点，收入、成本、费用和利润，现金流预测

要点三：熟知酒店项目定位的操作程序。

酒店项目定位通常要经过这样几个程序：确定酒店规划的目的→讨论核心逻辑和主要观点→确定初步可选择方案→经济测算，选择最优方案→写报告初稿→听取意见。

1.2.2　总体规划/道路系统

1.2.2.1　酒店总体规划的具体方法

酒店总体规划的具体方法如图1－3所示。

（1）了解自己，知道自己的优劣势。要想做好酒店设计，首先就要了解自己，了解相关情况，明确酒店项目所在地有怎样的核心资源，自己具备怎样的优势和劣势。比如当地的核心资源是以生态为主，以旅游景点为主，还是以商业为主？

（2）全面分析，了解竞争对手。知己知彼，百战不殆，进行总体规划，

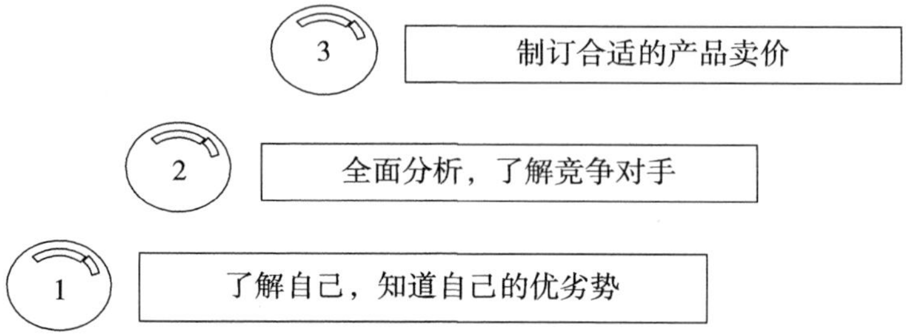

图 1－3　酒店总体规划的具体方法

就要了解竞争对手。当然，如果想了解竞争对手，就要对竞争对手进行分析，包括硬件设施、软件设施、配套设施、地理位置、宾客群体、是不是专业市场等。

（3）制订合适的产品卖价。例如：如果做超豪华酒店，在制订酒店产品卖价的时候，要明确有无这样的消费群体，价位如何设定。笔者认为，酒店消费群体中，10% ~15% 的人是超豪华酒店的客户，他们关系着酒店产品卖价的确定，一定要重视。

1.2.2.2　酒店的道路系统规划

酒店总体规划（道路系统）细则如下。

（1）做好总体规划。酒店总体规划不仅要考虑交通、景观、日照等因素，还要尽量把防风、固沙、水土保持等纳入规划范畴，兼顾环境保护，引进绿色设计理念，创造一家可持续发展的酒店。

（2）做好景观设计。要秉承“景观设计先行”的原则，努力营造一种富有特色的自然景观；坚持人与建筑、自然环境的融合，为宾客创造一个融入自然的居住大环境。

（3）重视道路设计。道路的设计要充分考虑到道路与景观的关系，要将林带、水流等有效结合起来，实现“通而不畅、迂回曲折”的效果。

（4）完善“丁”字路网。为了给酒店营造一个安静的环境，要尽量强化“丁”字路网的景观功能和对内服务功能，弱化其交通功能。

（5）做好人车分流。酒店的布局要做好人车分流，尽量为宾客创造一种安全的邻里生活环境。

（6）设置合理的道路。道路不仅要具备交通的基本功能，还要布局分明，为不同的道路设置不同特色的景观，使之成为适合人们漫步和交流的地方。尤其是尽端式道路的处理，更要与景观有效结合起来，使其成为宾客的视觉中心。

1.2.3 酒店的建筑设计

酒店是个小社会，经营酒店要面对不同收入水平、不同文化背景和不同宗教信仰的人群，将各种关系都处理好了，对于自己也是一笔不小的财富。

对投资者来说，酒店是一个融资平台，更是一个增值资产、一个运营单位；如果酒店建造得非常漂亮，甚至还可能成为当地的地标。如今，富力集团、万科集团、碧桂园、绿地集团等都在做酒店，那么究竟该如何设计酒店建筑呢？

要点一：酒店的整体建筑设计。

酒店的整体建筑设计要坚持一个原则：所有的功能布局都要为酒店的经营管理提供服务。市场目标决定着酒店的经营定位，酒店的整体建筑设计不仅要考虑经营管理实用性，还要考虑可持续发展性。概括起来，进行酒店的整体建筑设计，要注意两方面内容，如图 1－4 所示。

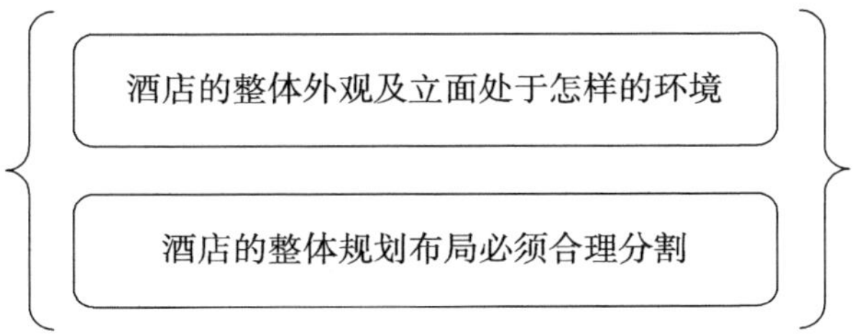

图 1－4 酒店的整体建筑设计注意内容

（1）酒店的整体外观及立面处于怎样的环境。酒店的建筑设计不仅要考虑消防通道、人流、物流、风向、日照、防噪等，还要做好卫生防疫、设施设备的配套以及环境评估。

同时，酒店建筑的整体规划布局还要考虑很多因素，比如：①一定要符合国家有关的设计规范及要求；②要根据酒店的经营管理要求，设计产品的定位和档次，如建造独立的温泉别墅度假区，对公众区域的服务员要求就不高，但对各幢别墅配备的服务员却要求极高。

（2）酒店的整体规划布局必须合理分割。有了经营酒店的想法后，不能一时兴起，直接找设计单位来做。首先，要坐下来研究一下，看看自己究竟想做什么东西，必须对酒店的整体布局进行合理分割。另外，要争取更大的满足市场需求的运营服务空间。只有制订合理的服务运作流程，才能提高时效和质量，减少人工成本和能耗。

几年前，有家酒店想做一个自助餐厅、一个水疗会所，向笔者寻求帮助。笔者给出的建议是采用西餐的厨房设计，将西餐厨房变成中央厨房，同时兼顾三大块功能运用。投资人本来想建三个厨房，后来将它们合并成一个厨房，不仅节省了投资、能耗等，也节约了许多人工成本，这样就为未来的经营打下了坚实基础。

要点二：重视与酒店建筑设计有关的因素。

酒店的建筑设计不仅要结合产品定位，还要考虑到设施、设备、后勤等功能与停车场、洗衣房、空调机房、高低压配电柜、男女更衣室、总仓、工程仓、员工食堂、员工宿舍、员工更衣室等的匹配问题。建设酒店时，为了有效促进之后的经营管理，要将员工宿舍、食堂、男女更衣室等充分考虑进去。尤其是在今天，酒店竞争愈演愈烈，为员工配备良好的设施也是酒店制胜的法宝。

酒店的规划布局还要考虑空调系统。虽然说在冬天，有些酒店客房不需要空调，但如果宾客在年末要举办宴会、卡拉 OK 等，天气很冷，没有空调，宾客就会感到不舒服。

1.3 寻找专业设计，节约项目投资

如果想节约项目投资，就要跟专业的酒店设计公司合作。因为，它们都有着丰富的酒店设计经验，有些甚至还具备酒店管理方面的专业经验。设计酒店时，它们不仅会充分考虑酒店经营方面的需求，还会考虑到酒店合理的资金流向。因此，要想节约项目资金，就要积极寻找专业的设计公司。

要点一：酒店设计专业化。

要想将酒店设计做到专业化，确保酒店盈利，必须做好以下三方面工作。

（1）明确酒店规划内容。酒店的规划设计主要内容包括：地形地貌研究、

项目设计方向、项目投资原则、自然环境的利用和改造、室内环境的营造规划、建筑风格的确定和表现、目标星级的定位、必备项目的选择、项目总体布局、人流物流安排、大堂功能布局和规划设计、SPA（水疗）会所功能布局和规划设计等。

（2）做好酒店服务产品的设计。酒店服务产品的内容包括：项目投资的评估、主题文化和背景的提炼、建筑风格的确定和表现、经济技术指标的确定、规划布局的设计、规划平面的设计、建筑效果的设计、建筑施工的设计、景观概念的设计、室内装饰效果的设计、室内装饰施工的设计、样板房的审核和优化、设备的设计协调、物品采购的协调等。

（3）认真进行可行性研究。做酒店设计时，不仅要对酒店项目进行可行性研究，做好效益测算，还要根据投资者的实力及可行性方案进行项目设计，如果投资不能一步到位，就要分阶段实施。

要点二：寻找专业的设计公司。

酒店设计要寻找专业的酒店设计公司，原因何在？专业化的酒店设计公司可以通过以下途径为酒店节约项目投资，如图 1－5 所示。

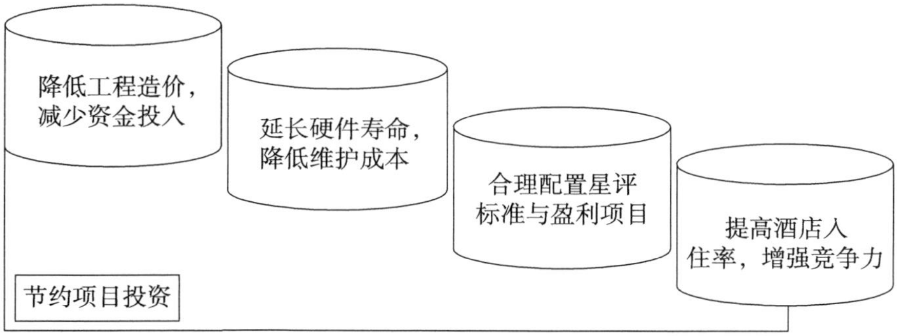

图 1－5　酒店设计公司为酒店节约项目投资

（1）降低工程造价，减少资金投入。优秀的酒店设计师一般都熟悉酒店的各个方面；他们掌握着建筑、规划、环保、室内设计、酒店管理、市场营销等综合知识，可以为酒店降低工程造价，减少资金投入。

（2）延长硬件寿命，降低维护成本。专业化的酒店设计一般都建立在充分了解和熟练掌握硬件运行和管理的基础上，酒店设计师对于硬件的运行、消耗、维护、保养等都胸有成竹。在设备选型时，其丰富的硬件运行经验和专业化知识，可以让他们快速抓住重点，提高硬件的运行水平，延长设备的使用寿命。

（3）合理配置星评标准与盈利项目。酒店是一项长远的投资项目，最终目的就是盈利，在相同的投资预算内能够兼顾“星级档次”和“盈利能力”是酒店经营追求的目标。优秀的酒店设计师不仅熟悉星级标准，更懂得不同星级酒店项目的合理配置，通过巧妙组合，可以增加盈利项目。而且，他们还具备超前的眼光及预测能力，在设计项目中可以适时推出引领市场潮流的经营项目，引导酒店消费时尚，为投资项目增加收益。

（4）提高酒店入住率，增强竞争力。大到建筑结构、功能分区、客流流线等，小到灯光设计、家具制作、艺术品布置乃至牙膏、牙刷、毛巾、皂液、钥匙牌等的摆放，只要精心设计，都能营造出舒适宜人的空间和环境。这一点，既能反映出设计师对酒店管理和经营方面等认识上的高度统一，更能体现出酒店设计师的创造力及匠心独具，是非专业酒店设计者做不到的。

由此可见，为了确保酒店设计更符合规范化要求，满足酒店日常经营的需要，在进行酒店设计时，要主动跟专业设计师合作，广泛研讨各方面的意见，尤其是专业公司的意见。

2 酒店一楼设计应注意的细节

宾客对酒店一楼的第一印象是非常重要的，酒店一楼设计要给人带来个性感、地点感、舒适感。酒店大堂的设计要吸引人，不仅要彰显高贵气质，营造出温馨的氛围，还要反映出地方、城区及景点的特色。酒店的主要入口、次要入口，还有户外场地，都要设置走道、停车及景观设施，并配备好照明。

2.1 酒店大堂的平面布局

步入酒店，宾客首先看到的就是酒店大堂，宽敞的大厅、舒适的氛围，都会让宾客眼前一亮。大堂的平面布局，在吸引宾客眼球方面，发挥着重要作用；大堂的设计结构更是吸引宾客注意力的重要因素，因此一定不能忽视。

2.1.1 大堂设计的总体要求

酒店大堂主要用于接待抵达酒店的宾客，面积一般都比较大，是酒店的灵魂。

大堂是酒店的脸面，对于吸引宾客、提升酒店的影响力起着重要的作用。图 2 -1 为某城市商务酒店一楼大堂。

图 2 -1 某城市商务酒店一楼大堂

鉴于大堂对酒店的重要意义，在设计大堂的时候，要坚持这样几个总体要求。

要求一：独具个性。

如今是一个讲究个性的时代，如果想让酒店给宾客留下深刻印象，就要将大堂设计得个性一些，大众化的东西是无法吸引宾客注意力的。

为了给进入酒店的宾客留下良好的第一印象，酒店要增加个性感、地点感和舒适感。大堂的设计一定要吸引人，并体现出高贵品质的氛围，千万不要过于矫饰或者奢华。

要求二：令人感觉舒适。

想象一下，这里有两家酒店：一家酒店，宾客一走进大堂，就觉得十分舒适，仿佛回到家里一般；另一家酒店，宾客走进大堂，会感到紧张和压抑，恨不得赶快离开。如果让你选择，你会入住哪家？相信大家多半都会选前者。顶级酒店的一楼大堂，通常都能给宾客带来一种舒适感。

要求三：让人心情愉悦。

要想给宾客带来积极持久的第一印象，酒店大堂一定要营造出一种让人心情愉悦的氛围，对于地面、墙面、天花板、细节、饰面、颜色及装饰材料等，都要精心设计。如果想让宾客感到心情愉悦，在一楼大堂要多使用一些能够代表当地特色、高品质的饰面及活动家具。

2.1.2 一楼大堂的功能设计

大堂是酒店接待宾客的第一个空间。对于酒店设计者说，大堂是设计工作量最大、设计含金量最高的空间。酒店大堂的设计，功能细节众多，尤其不能忽视。图 2－2 是某酒店一楼设计图，可供读者参考。

概括起来，大堂设计的基本功能包括以下几个方面。

功能一：为大堂经理和客户经理服务宾客提供场所。

大堂经理和客户经理的主要工作是协调酒店和宾客的关系，这个位置非常重要。设计大堂经理和客户经理台，安排一张礼宾桌和两张客用椅即可。这两种职能的性质有些区别，但工作方式基本相同，分为座式和移动式两种。

（1）座式。至少要配置 2 部电话、2 张电脑桌、2 把宾客沙发椅、1 把经理值班沙发椅、1 块地毯、台灯、绿化盆栽、背景艺术陈设品等，占地面积大约为 8 ~ 12 平方米。要在这里能看到大门、前台和客用电梯厅的出入口。座式大堂经理区是大堂的一个景点，其家具、灯具的设计应不低于酒店内高级豪华套房的标准，风格、尺度和样式应与大堂环境保持协调一致。

（2）移动式。安排 1 间不小于 10 平方米的办公室，供大堂值班经理或宾

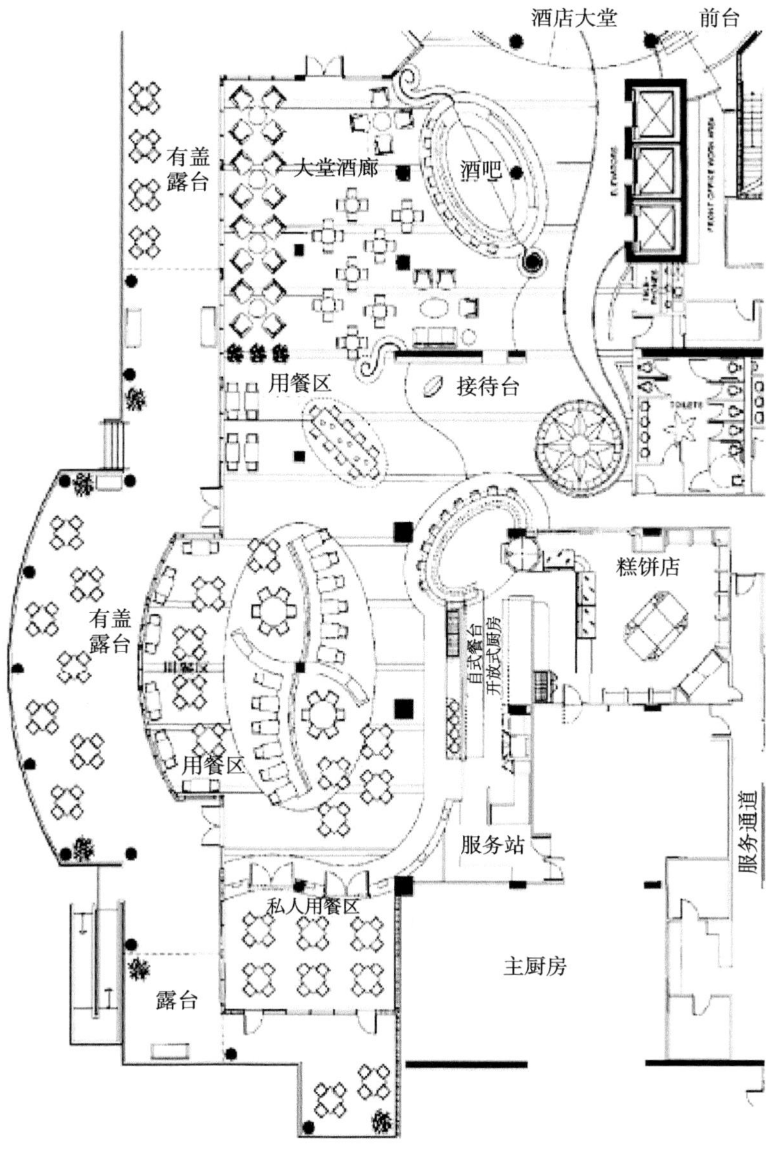

图 2－2　某酒店一楼设计图

客服务经理处理事务。

功能二：前台接待。

前台是接待宾客的重要位置，设计前台的时候，要创造一个邀请性、个性化的空间，既不要设置在入口的直接通道上，也不能对从电梯到大堂出入口的宾客流线造成影响；要坚持人性化理念，打造一个人性化的入住登记环境。

前台的类型一般分成三种：风格型、功能型和主题型。

（1）风格型。也称为时尚型，这种类型的前台，追求整体设计特色和形式美感，不用主题，不求宏大，适用于三星级、四星级和五星级酒店，实用功能合理完备。

（2）功能型。这种类型的前台，以实用性为原则，用材简洁、大方，成本低，只要进行简单装饰即可。当然，巧妙点缀也会呈现出惊人的效果，适用于中低星级酒店。

（3）主题型。这种类型的前台，通常都用一组大型艺术作品作为背景，进而突出酒店的文化主题。但一般不会使用过于强烈和具体的表现手法，反差小，视觉感受温和，不会给大堂造成沉重的视觉负担，更不会给宾客造成不适感。

前台柜台的空间规划，具体要求如下：前台办公区要紧邻前台，用墙与门分隔开；前台至少提供一个出口，允许员工跟大堂区的宾客接触；净工作空间，从靠员工边的工作台面到与其平行的背墙面，最少宽 1.5 米；宾客等候区，在前台前方提供一个净宽 4 米以上的空间。

功能三：服务中心。

服务中心主要用来为宾客提供各种服务，比如咨询机票、点餐等。因此，在设计服务中心时，要将电话总机室、客房中心、客房送餐的点餐台、预订中心等一起安排在前台办公室区。

功能四：行李间和行李台。

（1）行李间的设计。酒店设计一楼大堂时，要在房间与邻近的空间设置一个可至少放置 2 台行李车的净空间，作为行李间。酒店设计行李间时需要注意以下两个方面。

①面积。可以按每间客房 0.06 ~ 0.07 平方米来设定；拥有 200 间客房的酒店，行李间面积约为 12 ~ 14 平方米。

②规划空间。行李间的空间规划重点在于：邻近行李员柜台、台座及室外代客泊车站；不要让宾客从室外入口和室内入口看到行李间内部；为了避免行李搬运穿过大堂，如果条件允许，要设立一条从行李间到电梯的服务通

道；为了不让宾客从大堂入口看到里面的混乱景象，在行李间靠近行李员柜台处，要提供一个空间或凹室，将空行李车隐藏起来。

（2）行李台的设计。行李台的主要作用是：为宾客提供必要的信息，为宾客提供行李服务，让宾客感到宾至如归；提供完善的设施，有效支持行李员服务工作。

行李台的具体设计要求如表 2－1 所示。

表 2－1　　行李台的设计要求

	设计要求
位置	靠近酒店大堂入口，设置一个柜台。室内入口到行李间都要在前台的视线涉及范围内。行李间和存放行李车的位置要临近礼宾台
大小	提供不少于 2 人使用的柜台或桌子。柜台最小宽 0.6 米、长 1.5 米，桌子长度最小为 2.1 米。柜台设计形式要与前台类似
柜台台座	设置可以上锁的抽屉、层架，用来放置行李牌、笔、纸张、垃圾桶等
灯光	设置柜台工作灯与控制开关
空间规划	柜台或桌子的位置要容易识别，便于为有需要的宾客提供方便，但在大堂区域应位于次要位置。材料和形式要跟大堂、前台保持一致

功能五：贵重物品保险室。

宾客出门在外，难免会携带贵重物品，入住酒店，为了安全起见，通常都会将贵重物品放到保险室。这样，就对保险室的设计提出了更多要求，比如宾客跟工作人员分走两个入口、室内分为两个部分、类似银行柜台等，保险室由前厅部人员管理。

功能六：公用电话台。

虽然如今人人都有手机，但免不了遇到手机没电或者手机丢失的情况，为了方便宾客，就要设计合理的公用电话台。这一点也是酒店服务宾客的一大亮点。

具体设计要求如下：公用电话台的位置要容易辨识，最好设在人流量较大的区域，同时提高私密性；公用电话包括磁卡电话和内线直拨电话，分为敞开式和封闭式，可以设在大堂主流程外较隐蔽和安静的位置；提供一台酒店内线电话（一键式电话），与服务中心相连；至少设置一台付费电话。

功能七：休息区。

酒店要设计休息区，主要是为了疏导、调节大堂人流，同时点缀大堂，其具体设计要求如下：与主流程动线分开或部分分开，占用大堂面积的5%～8%，供宾客免费使用；靠近大堂酒吧或其他经营区域，便于引导宾客消费；配备高质量的家具、灯具、艺术品、陈设品和绿化盆栽，供宾客观赏，增加宾客好感。

功能八：公共卫生间或清洁间。

公共卫生间或清洁间的设计要求如下：吊顶净高保持在3米以上；公共功能区域各层应设置独立的特殊人群卫生间；女卫生间入口处可以设置化妆台和座椅，为了增强视觉效果，要在化妆台上设镜子、壁灯、壁纸、艺术品等；提供一个集中的清洁间，内设层架与拖布盆；洗手台要使用连续性的花岗石台面和台下式洗脸盆，设置装饰性墙镜，提供壁灯或其他局部照明灯具，同时设置感应式龙头及配件；坐便器使用小隔间，用（通高）石材、不透明玻璃或木制品做好隔断；如果使用隐私屏风，就要在男士的小便器之间设置小隔断。

功能九：消防控制室（监控室）。

消防控制室主要用来监督酒店内所有的消防系统和监控系统、背景音乐系统、消防站；保安室则用来监控守时系统（员工上下班考勤）、消防站、员工快递转交处。具体设计要求如下：设置一个封闭房间，供消防人员进入工作，提供消防报警、消防广播、消防控制系统和酒店紧急系统，设置闭路电视；房间的具体大小由消防设备和消防单位面积决定；跟消防单位协商，开设一个直接通往室外的入口；保安室位于员工通道入口处，面积至少为15平方米；为了做好安全防卫，还要安装烟雾感应火灾探测报警器。

2.2 出入口区域的设计

对于一楼大堂来说，出入口的设计也是不可或缺的。如果宾客出入不方便，势必会带来很多麻烦，影响到顺利入住和就餐等。因此，在设计大堂的时候，一定不能忽视了各区域的出入口。

要点一：大堂入口门廊的设计。

设计大堂入口门廊的时候，要在上下车处和大堂之间提供一个过渡区。为了给宾客留下良好的印象，大堂入口门廊不仅要配备高质量、耐久的墙体和地面，装饰上灯光、标志等，还要做好绿化。其设计要点有：

（1）大小确定。入口门廊要足够容纳已经到达及正要离开的宾客，满足处理行李、服务特殊人群和紧急出口等需求。

（2）入口装饰。入口门廊要设置双门入口，把室内的完成面延伸到室外入口；为了有效防止冬季冷风侵袭以及夏季隔绝热风与室内冷空调，在入口处要设置封闭的双层门斗。

（3）入口门廊。为了加强酒店的建筑风格，给宾客留下良好印象，在入口门廊处要为宾客提供保护、遮蔽等设施和工具。为了给宾客带来宾至如归的感受，还要在入口门廊处设置特殊人群专用通道，供轮椅进出，不要让台阶和路沿等阻碍特殊人群。商务酒店的前庭门廊，为了给宾客提供无须开门的便利、设置隔绝室内外空气的空气阻隔室，要使用自动旋转门或影门；对于度假酒店来说，为了让宾客呼吸到自然空气、在自然环境中放松身心，大堂环境要跟自然环境无缝对接。

要点二：代客泊车台的设计。

如今，私家车日益增多，很多宾客都是开车来的。为了满足这部分宾客的需求，就要设置一个代客泊车台。代客泊车台的具体设计要求如下：设立在上下车处与大堂入口之间，与室内礼宾车柜台邻近，配有大型会议设施的酒店要单独设置会议泊车台；代客泊车的柜台或台座最小 $0.6m \times 1.0m$；礼宾车柜台面积为 5 平方米；柜台、石材或其他室外设施要使用耐久材料，跟入口材料保持一致；设置工作灯和电话接口、行李牌、笔、地图等，同时安排一个用来存放钥匙的层架式抽屉。

要点三：参会者入口的设计。

一楼通常要安排会议室，为了方便参会者进入，以免大量人群通过大堂时造成混乱，最好设计一个参会入口。具体设计要求如下：必须考虑代客泊车及通往停车场的通道情况；用指定的客用电梯将停车场、多功能厅、宴会厅等直接连接在一起，不要让停车场跟客房楼层直接连接；如果条件允许，要为男士和女士分别设置单独入口；如果停车场和客房楼层有电梯直接相连，要在电梯里加装客控系统。

要点四：宴会厅入口的设计。

宴会厅通常也被设计在一楼，因此宴会厅入口也是设计的一个重点。宴会厅入口的设计要求如下：可以让宾客从会前接待处直接进入宴会厅；为了引导宾客，要设置一个咨客台；与大宴会厅直接相连；设置地插、可移动的备餐台，放置备餐台的地方要留有插座。

要点五：员工通道的设计。

酒店为宾客提供服务，成为宾客休息的场所，为了不对宾客造成干扰，最好将工作人员的通道和宾客通道分开设计。各人都有自己的专用通道，员工就不会对宾客造成干扰了。

员工通道的设计要点如下。

（1）将员工通道和客用通道分开，配备专用的员工电梯，也可以与员工消防电梯合并使用。

（2）员工入口是酒店全体员工所使用的入口，不能被宾客看到，要靠近人力资源部或保安室。入口处要设置员工考勤设施、企业文化墙、员工新闻、通告栏等。

（3）员工凭磁卡或类似的带有门铃的通行工具进门，如果酒店规模较大，要将对讲机、闭路电视控制系统、人力资源部或保安室连接在一起，直接通往制服房或员工衣帽间。

要点六：公共通道的设计。

虽然员工和宾客都有自己的专用通道，但偶尔也会发生交叉，而交叉的通道就是公共通道。酒店员工和宾客都会使用公共通道，因此设计时就要多花些心思了。

公共通道的设计涉及走廊、电梯和楼梯，具体细则如表 2－2 所示。

要点七：出口的设计。

出口方便宾客离开，跟入口比起来，其聚集的人群一般都要多一些。因此出口的设计更要多加注意。通常，一楼至少要设置两个出口，包括但不限于会议区、餐厅及健身区。出口的宽度和数量取决于当地建筑设计防火规范或者 IBC（国际建筑规范）。

表 2－2 公共通道的设计细则

	设计细则
走廊	走廊两头要能够看到自然景观，有自然采光；从走廊能够直接到达客房管道井处；会议区域的公共走廊宽度至少为 3 米。为了方便服务员、传餐车来回交叉，避免碰撞，餐饮区的公共走廊宽度至少为 2.4 米，即大宴会厅传菜通道的走廊宽度至少为 2.4 米
电梯	三、四、五星级酒店，要设置客用电梯
楼梯	楼梯不仅可以连接客房，也能更好地展现酒店风格，所以一定要对楼梯的装饰风格做出相应规定；同时，为了保证宾客安全，要铺设防滑材料，两侧要安装扶手

2.3 大堂吧的设计

在酒店一楼的大堂吧，不仅要提供一处具备社交和饮料服务功能的休息区，还要为宾客提供精制点心和酒吧服务。设计时，不仅要保证大堂内视线的可达性，还要提供舒适的座位与亮度较低的灯光，为宾客创造一个身心放松的空间。图 2－3 是某酒店大堂吧。

图 2－3 某酒店大堂吧设计图

2.3.1 大堂吧规划

大堂吧规划的要点如下。

要点一：明确规划要求。

大堂吧是公共环境中的私人区域，在这里既可以看到别人，也可以被别人看到，因此要设置合适的座位区，安排亮度较低的灯光，营造供宾客放松的气氛。

要点二：确定大堂吧的特性。

大堂吧的设计要保证木饰墙板、装饰吊顶天花板与花岗石台面协调统一。为了创造一种“私人会所”的氛围，要使用颜色比较深的木线脚、木饰板、石材墙面、软包、石材吧台，还要设置桌面、液晶或等离子电视柜。

同时，大堂吧还要为宾客提供餐饮服务、娱乐演奏，比如钢琴、独唱或三重奏。文化主题的酒店，设计大堂吧时，可以设置茶舍或茶艺台并安排表演，同时配合古筝演奏。

要点三：明确大堂吧的位置。

关于大堂吧的位置，具体要求如下。

（1）要将大堂吧设置在大堂入口和前台可见的区域，要秉承妥善协调处理的“大空间”概念，让宾客放松下来，便于他们跟其他宾客会面或等候。

（2）大堂吧的座位区不能有太多遮挡，要能观察到其他宾客进出酒店；如果大堂吧设置在玄关或者入口处，要减弱体量感。

（3）大堂吧应成为大堂区域的一部分，但要用适当的设计元素将其与大厅分开；同时，还可以将植栽、水景等连接在一起。在海边、江边的酒店，为了给宾客营造一种从酒店大堂直接走到海里的感觉，可以设计一个天人合一的大堂吧；如果条件允许，还可以提供一个室外观景台，将大堂吧与室外景观合而为一。

（4）要邻近次要的厨房和服务通道，如果邻近全日餐厅，可以当作等候酒廊使用。

（5）要围绕一个焦点来设计大堂吧。

要点四：确定大堂吧的大小。

大堂吧的面积要结合酒店的要求来设置，包括座位区、流线和酒吧。大堂吧至少要安排 40 个座位，每张桌位所占的面积约为 2.6 平方米；天花吊顶的高度最少为 3 米。

要点五：设定空间功能区域。

（1）接待台。大堂吧接待台要设置在靠近主入口的位置，为宾客提供照明、电话、桌面、抽屉与储物等服务；台面要使用石材或木饰板，与大堂吧的整体完成面协调一致。

（2）座位区。为了满足单人宾客或小型商业团体的要求，大堂吧的座位区可以提供不同类型的座位安排。比如安静私密的座位区和敞开式座位区。安排座位时，要将一半的空间安排成双人桌和较大座位区的混合。如果大堂吧不在酒店的规划设计之内，也要在大堂设置类似的座位区。

（3）娱乐区。大堂吧的娱乐区具体要求如下：为宾客提供有限的娱乐空间，安排 2 或 3 种乐器演奏或小型钢琴演奏；不仅要有独立的音响系统，还要提供由酒吧服务员控制的灯光系统；为了便于宾客观赏，合理选择液晶或等离子电视，要安排合适的墙挂式电视或电视柜位置。

要点六：大堂吧室内特性设计。

设置一个视觉焦点，比如一款很重要的家具、自助餐台、酒吧、图书墙或建筑的突出元素等；家具既可以使用传统风格，也可以使用较为折中的风格，尽量不要使用现代风格；电视要悬挂在墙面上。

要点七：大堂吧完成面的设计。

大堂吧室内设计是酒店大堂的延伸，其完成面的设计要满足这样几个条件：首先，应与大堂的设计风格保持一致；其次，使用的地毯最好是质量较好的羊毛针织毯；最后，墙与天花吊顶的设计也要跟大堂协调一致。

要点八：大堂吧的设施安排。

大堂吧的设施安排要保证邀请性与舒适性，比如为宾客提供沙发、休闲靠椅与边桌、低咖啡桌、鸡尾酒桌以及座椅等。

（1）椅子。可以混合放置一些柔软舒适的座椅和高背休闲靠椅，供宾客餐饮使用。可以将座椅包上纺织品，但纺织品要色彩鲜艳、有图案、有质感、经久耐用、易保养。高凳要提供皮坐垫。

（2）桌子。使用经久耐用的花岗石台面，台面要经得起磨损；按照餐饮概念，鸡尾酒桌的高度要跟喝茶或吃早餐使用的桌面高度保持一致。为了满足非正式商务聚会的需要，要提供较高的欧式餐馆咖啡桌。

（3）灯光。为了营造一种舒适的酒廊灯光，桌灯要使用照射角度低的白色 LED（发光二极管）光源。

（4）艺术品。艺术品的样式和品质，要与大堂的布置、展示、视觉焦点保持协调。

（5）装饰。既可以使用现场制作的细木工植栽盆与植物，也可以使用大尺寸的独立植栽盆。

2.3.2 酒吧及备餐间

2.3.2.1 酒吧的设计

酒吧主要为大堂吧提供饮料服务和有限食品，同时也为临近的全日餐厅提供饮料服务。其设计要点如下。

（1）确定一个响亮的名字。一方面，为了对大众的视觉刺激和心理等方面产生影响，酒吧名称要具有高度概括力和强吸引力；为了迅速抓住大众的视线，诱发其浓厚的兴趣和丰富的想象，使之留下深刻印象，酒吧名称要设计独特、易读易记、富有艺术性和形象性。另一方面，酒吧命名要强化标志性和识别功能，不能雷同；应加强酒吧名称与品牌、商标的统一性，不要使用毫无特点的名称。

（2）努力营造酒吧氛围。酒吧的氛围是留住宾客的关键，为了营造出独特的酒吧氛围，就要从下面四方面做起，如表2－3所示。

表2－3　　酒吧氛围的营造要点

	要　点
设计与装饰	酒吧的设计风格要隆重大气，以休闲风格为主
色彩和照明	设计酒吧的色彩时，要正确使用调配法，让空间主次分明而变化多端，营造出不同风格的酒吧情调。同时，要努力创造出一种富有独特个性、空间层次和视觉美感的照明环境
音乐	音乐是酒吧的灵魂，音乐的选择要契合酒吧的整体氛围
服务活动	要提高服务水平，为宾客提供周到、全面的服务

（3）合理布局酒吧。酒吧的布局要遵循以下原则。

①合理有序。酒吧既要容纳足够多的宾客，又不能让宾客感到拥挤和杂乱，同时还要满足宾客对环境的要求。

②方便服务。这里的方便包括两方面的内容：一是对从不同角度坐着的

宾客，都要提供快捷的服务；二是要便于工作人员工作。

③视觉醒目。宾客迈向酒吧时，要让他们一眼看到吧台的位置，因此要将吧台设置在最显眼处。

2.3.2.2 酒吧备餐间的设计

酒吧备餐间的主要功能是为大堂吧提供饮料服务和有限食品，为餐厅提供饮料服务，其设计要点如表 2－4 所示。

表 2－4 酒吧备餐间的设计要点

	要 点
特性	服务站要设置供员工完成服务的 POS 机（“Point of Sales”，一种多功能终端）和领取饮料处，其中为了避免对宾客领取饮料造成干扰，要将 POS 机放置在特定位置。同时，配餐间入口不要使用掀开式的门
位置	将酒吧备餐间设置成大堂吧的一部分，靠近餐厅，要从备餐间可以直接看到大堂吧入口
空间	在酒吧背墙位置，放置和展示酒类。在配餐间附近提供一个支持房间，提供制作饮料以及清洗储存杯盘的空间，不要让宾客直接看到备餐间
安全	不使用备餐间时，要将酒瓶与盘碟等存放在上锁的柜子中；同时，为了提高安全性，还要设置一道隔墙

2.4 无障碍设施的设计

酒店的无障碍设施主要是为残障人士、老人、儿童等设置的，他们是社会的特殊群体，大多行动不便，需要他人照顾。对于这类人群要做出特殊安排，不管是硬件配置，还是产品设计，抑或服务，都要突出人性化。有特殊需求的宾客只有在你这里享受到优质满意的服务，才会对酒店产生好印象，而这也是提高酒店影响力的一个重要方面。

2.4.1 无障碍设施的设计

酒店的无障碍设施设计要在充分满足功能需求的前提下，考虑人性化设计需求，体现“以人为本”的经营理念，彰显酒店的人性化服务和对员工的关爱。具体来说，酒店设计无障碍设施时要重视以下几个方面的内容。

内容一：硬件配置要凸显人性化。

这是一个讲求人性化的时代，只有人性化的设计才能受到人们欢迎。酒店的无障碍设施硬件设置，更要保障特殊人群等无障碍通行。一方面，在所有人行道、路口、门庭平台处都要设置通行斜坡；另一方面，每60间客房要配备一个特殊人群车位。

良好的硬件设施是酒店提供优质服务的平台，人性化经营理念的建立要始于酒店的硬件设施，要坚持“员工第一、宾客至上”的理念。比如，有家酒店的服务总台设计就实现了从宾客需要站着到宾客可以坐着的改变，宾客办理入住手续的时候再也不用站着了，可以获得暂时的休息，这就反映了从以“酒店为中心”到以“宾客、员工为中心”的转变。

人性化的硬件设计理念不仅体现在对客服务方面，对内部员工也是如此。站着服务会让员工感到非常疲惫，服务水平也会有所降低；让总台员工坐着提供服务，员工身心就可以得到充分放松，心情愉悦，服务质量自然会大大提高。

内容二：服务内容要注重人性化。

酒店服务内容设计人性化也是服务创新的一个重要方面。服务内容的人性化主要包括三方面内容，如表2－5所示。

表2－5　服务内容设计人性化的要点

	要　点
主题活动	按照特殊群体的要求和节气变化，创造出一种可以满足特殊需求、适宜特定情境的服务，比如为宾客开展生日会、中秋节、情人节活动
特殊服务项目	比如为老人或儿童提供“金钥匙”服务，锁定品牌效益，让酒店更具吸引力
个性化服务	在正常的服务过程中，如果特殊人群提出了特殊要求，要为他们提供个性化服务，让他们获得超值体验

内容三：服务流程构建要突出人性化。

酒店的核心在于创造服务。酒店竞争上升到一定程度后便不再是硬件的竞争，而是服务的竞争，而服务的竞争又体现在细微之处，其要点之一就是服务流程的人性化。

服务流程的人性化绝不是口头上的“宾客就是上帝”和形式上的“微笑服务”，要为行动不方便的特殊人群提供实质性的服务内容。为了提高竞争力，酒店要根据他们的需要和特定情境提供量身定做的超越其心理预期的服务。

个性化服务需要依靠酒店的全体员工去实现，任何一个环节都不能忽视，从预订、接待，到宾客档案的设立等，都要通过制度确定下来，使之变成工作程序，将具体的服务细节真正落到实处。

把员工单体的个性化服务提升为酒店的经营特色，把偶尔的个性化服务转化成制度框架下的一体化要求，是酒店个性化运营的终极目标。在我国星级评定规范中，多次提及对特殊人群设施的设计要求，比如为特殊人群提供特殊人群卫生间、特殊人群电梯专用按键、特殊人群坡道等。特别是高星级酒店的设计，更要充分考虑特殊人群的需要。

一些星级酒店的无障碍设施就十分规范：在大门口铺设坡度较缓的坡道；设置特殊人群专用客房，房门设置盲文标记，房间内有方便特殊人群使用的低矮台柜、辅助沙发、专用洗手间；为了满足陪伴人员的需要，还在特殊人群专用客房和陪护房之间设置了一扇内通门；大堂外，还设置了台面比较低的电话台、银行自助柜员机等。

无障碍设计的最低要求是一定要符合当地的无障碍设计法规。遵照通用的美国无障碍设计标准，从进入酒店到宾客可使用的所有区域，酒店方都要提供特殊人群通道；为特殊人群提供与普通宾客同样的服务；所有的公共卫生间都要提供特殊人群专用的坐便器、小便器和洗脸台；电梯中，要设置盲文、专用电梯按钮等。

2.4.2 无障碍产品的设计

关于特殊人群产品的设计，主要涉及客房、卫生间、坡道、电梯等。具体来说，有以下几点内容。

内容一：特殊人群的客房设计。

为特殊人群设置专用客房，可以为他们参与社会生活提供有利条件，也是提高酒店客房使用率的一项措施。特殊人群客房的设计要重视下面几个方面。

（1）客房设计应以联通房为主。联通房是指两个房间之间有内开的联通门，联通门是各自带锁的可以向各自房间打开的门。通常情况下，要将一个大床间和一个标间进行联通，为了便于照顾特殊人群，还要将大床间设计成专用客房。

（2）为通道设置合适的宽度。室内通道是特殊人群开门、关门、通行与活动的枢纽，为了方便乘轮椅者从房间内开门、在通道存取衣物、从通道进入卫生间，其宽度不能小于1.5米。同时，在客房床位的一侧，要留有直径不小于1.5米的轮椅回转空间，方便乘轮椅者休息及处理各种相关事务。

此外，为了方便特殊人群转移，客房床面的高度要跟标准轮椅坐高保持一致，即0.45米。在客房的适当部位，要设置无障碍安全扶手和紧急呼叫按钮，图2－4是某酒店的特殊人群客房。

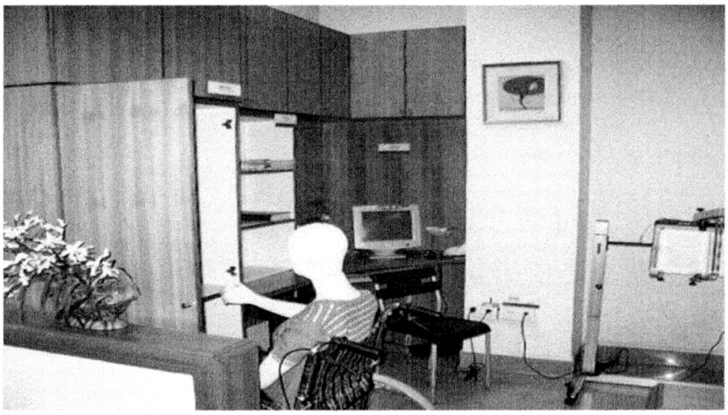

图2－4　某酒店的特殊人群客房

内容二：特殊人群卫生间的设计。

酒店的公共功能区域，每层都要设置独立的特殊人群卫生间；如果酒店面积有限，在公共卫生间中至少要有独立的厕位；大堂公共卫生间的设计必须含独立的特殊人群卫生间。

图2－5是某酒店为特殊人群设置的专用洗手间，其设计要求如下。

（1）大小。洗手间的地面面积不能小于2m×1.3m或1.8m×1.8m；安排高0.45米的坐便器，旁边设置高0.7米的水平抓杆，靠墙一侧设置高1.45米

图 2-5　某酒店为特殊人群设置的专用洗手间

的垂直抓杆。设置高 0.6 米的置物架以及高 1.2 米的挂衣钩；沿洗手盆的三面要设置抓杆，洗手盆高 0.8 米，抓杆高约 0.85 米，相互间距约为 5 厘米；抓杆直径控制在 32～40 毫米，内侧距墙面 4 厘米，抓杆要安装坚固，可以承受一个成人的身体重量；洗手间的地面要平整，不光滑，无积水，没有高低差，要采用防滑的地面材料；专用洗手间要设置紧急呼叫按钮。

（2）开门。专用洗手间采用平开门，门扇要向外开启，门扇开启后通行净宽度不能小于 0.8 米，开门执手要使用横执把手，安装内外都能使用的门插销，门扇内侧要设置一个关门拉手。

（3）扶手。为了满足特殊人群需要，要合理设计无障碍扶手。具体要求如下：坡道、台阶和楼梯两端，要设置高 0.85 米的扶手；设两层扶手时，下层扶手要高 0.65 米。扶手内侧和墙面的距离应保持在 4～5 厘米；扶手要安装坚固，使用方便抓握的样式。图 2-6 显示了某酒店的特殊人群卫生间内安装有安全扶手。

图 2-6　某酒店的特殊人群卫生间内安装有安全扶手

内容三：特殊人群的坡道设计。

为了让老、弱、病、残等行动不便者能方便、安全地使用酒店通道及坡道，在设计中，一定要按照《无障碍设计规范（GB 50763—2012）》中关于建筑物无障碍实施范围及建筑物无障碍设计的有关要求进行设计，比如要考虑到建筑物无障碍设计范围、各类公共建筑和居住建筑；建筑物无障碍设计其中一项就是坡道、走道等。

内容四：无障碍电梯的设计。

为了满足特殊人群的要求，酒店必须设置无障碍电梯，具体的设计要求为：电梯厅的深度不小于1.8米，按钮高度控制在0.9~1.1米，电梯门宽度应不低于0.9米。

3 酒店客房设计应注意的细节

客房是酒店文化和各项技术的结晶，具有很强的系统性、功能性、方向性、标准性和艺术性。在设计酒店客房的时候，要坚持“以人为本”的理念，划出不同的功能区域，包括入口区、衣柜区、卫生洗浴区、睡眠区、休息区、化妆区、会客区等。酒店客房设计的总原则是：不能设置在无外窗的建筑空间内、不能与电梯井道贴邻布置等。

3.1 客房空间流线的设计

如果将酒店的功能分区布局比喻为“人体的骨骼架构”，那么客房空间流线就是“人体的血脉”，其畅通程度会直接影响“器官”运行。

现代酒店，尤其是高星级酒店，客房空间流线的功能分类、布局组织和构建要求，一般都有着外行所不知道的特点。了解和掌握这些特点，是合理设计客房空间流线的基础。

3.1.1 空间流线的定义和分类

在酒店这个特定的场所，宾客、管理者、服务员等都有一定的行为模式，其活动都有一定的规律，会经历一系列过程，产生一定的空间效应。顺畅的空间流线能让酒店各项功能协调有序地运转起来，而不科学、不顺畅的空间流线则会让人感到不方便，影响酒店客源的拓展，更会大大损害酒店的经营形象。

宾客的流动模式是酒店服务规划设计的基础，也是酒店安全安保设计的重点环节。只有设计合理的空间流线，才能提高宾客满意度，提升宾客安全感，极大地提升酒店的经营业绩和社会声誉。

所谓空间流线指的是为行人、车辆及输送物在酒店区域内流动运行而设的通路。酒店的空间流线大致可从以下角度进行分类，如图 3 – 1 所示。

角度一：从室内外不同区域位置划分。

根据室内外不同区域位置，酒店空间流线分为室外空间流线和室内空间流线。

（1）室外空间流线。室外空间流线跟各类入口有关，一类是从社会道路进入酒店外广场、车场区域的场地入口；另一类是酒店建筑的各种功能入口，如客用入口，包括大堂主入口、宴会厅入口、餐饮入口、团队入口、酒店后勤入口等。熟悉入口类型跟专属的运行特点是室外空间流线设计的前提。酒

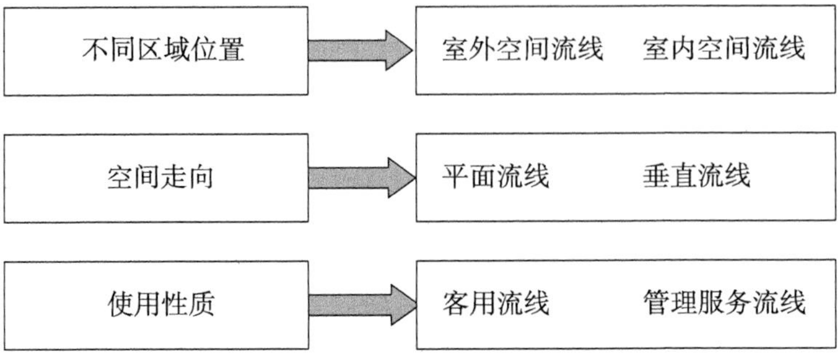

图 3－1　酒店空间流线的分类

店室外空间流线可以分为行车流线和行人流线。其中，行车流线可以细分为客用行车流线和后勤行车流线；行人流线则是为宾客进入酒店或在酒店周边园区散步而规划的行人步道。

（2）室内空间流线。室内空间流线可以细分为入住流线、餐饮流线、康乐流线、会议流线、后勤服务流线等多种类型。舟车劳顿的宾客对入住流线的要求通常是方便、快捷，要求住宿环境静谧、私密。所以，入住流线不能距离太长，不能穿行会议厅、餐饮区等嘈杂区域，客房区域的指向性应尽量明晰。餐饮区域通常会有较多不住店的本地消费人群，行为具有群体活动色彩，在功能区域分隔后要设置餐饮宾客专用入口和通道。

角度二：从空间走向进行划分。

从空间走向可以将酒店空间流线分为平面流线和垂直流线。其中，平面流线是同层位置的水平路径，而垂直流线则是不同楼层之间的纵向路径。

角度三：从使用性质进行划分。

从使用性质可以将酒店空间流线分为客用流线和管理服务流线。如果说室内外流线之分、平面和垂直流线之分是建筑流线设计概念，那么客用流线和管理服务流线的区分就是酒店行业特有的分类。

3.1.2　空间流线的设计过程

如果想合理规划酒店的空间流线，使其在特定功能的基础上联结起来，在各区域间建立一种功能性互补关系，就要坚持“宾客流线便捷清楚、服务流线快省通畅、设备流线安全稳妥、宾客流线与服务流线互不交叉”的设计原则。

布局空间流线时，首先要确定酒店经营活动中各步骤的先后顺序，包括大堂前台区、管理后勤区及员工和宾客区域可能相交的会合点；同时，为了减少互相干扰，要让宾客和员工尽量分开活动、各行其道。让各项服务措施按规划协调运转，既可以提高工作效率，又便于管理、监督和安保。

酒店内，不同区域、不同性质、不同功能的空间流线，各自的服务对象也不同。有的为宾客提供服务，有的为员工提供服务，有的为物流运输提供服务，有的则为安全疏散提供服务。要想满足服务对象的实际需求，就要根据酒店定位，参考相关的投资造价，对空间流线进行科学测算、合理调节，实现长短、远近、宽窄、通断等状态平衡。同时，为了便于员工操作，消除对安全卫生和设备运行效果的影响，给宾客带来方便性、安全性和舒适性，还要保证服务快速敏捷。

此外，酒店空间流线设计还有许多规范性特点，在设计中需要重点考虑。

（1）选择合适的位置。酒店公共功能区域是流线组织高效、便于人群聚散的地方，通常都被设置在裙楼或低层。虽然有些垂直空间流线容量大、运作速度快的高级酒店也会将公共功能区设置在较高楼层，但依然会理顺流线程序、完善流线布局、增强服务功能、提高服务质量。

（2）不能出现人流逆向行进的情况。在空间中，人的行为是按照一定秩序进行的，酒店设计空间流线，就是为了满足宾客在酒店内行进、停留、休息、会谈、赏景的需要，因此不能出现人流逆向行进的情况，最好采取环状的流线布局。

（3）纠正酒店局部流线不通畅等问题。受到建筑结构、上下水、设备、荷载等条件的制约以及专业规范要求的不同，要想认真纠正酒店局部流线交叉、不通畅等问题，就要与相关技术部门沟通协调，形成合力，采用科学、合理、稳妥的办法，将问题解决掉。

（4）做好安全防范。为了做好防火防灾工作，便于疏散人群、消除隐患，在设计房间内外距离、疏散门、疏散楼梯和走道时，都要依照相关法律法规进行，不能含糊；要舍得投入，严格遵守酒店消防安全方面的强制性规范，把安全作为酒店流线设计的重点。

3.1.3 空间流线的设计原则

酒店空间流线的设计原则，可以总结为简单的四个字：高效、分道。

原则一：高效。

酒店空间流线设计的高效原则，主要体现在三个方面：导向明晰、节点有序、近便，具体要求如表 3－1 所示。

表 3－1　酒店空间设计高效原则的内容

要　点	说　明
导向明晰	优秀的流线设计带有鲜明的导引色彩，要通过廊道的曲直、空间的大小、色彩的照明及装饰陈设的差异，表达出流线的主次之分，引领宾客行进的方向。比如：前往大堂、大宴会厅、主电梯厅等重要位置的主干道，要笔直通畅、宽阔辉煌；而通往电话间、盥洗室等位置的次要通道，则要曲径通幽、不扩张声势
节点有序	各功能流线上点缀的功能处所，要根据运营需要按照一定的顺序来陈列，次序不能混乱、不能互相颠倒。比如，为宾客设置的入住流线，基本服务节点应依次为：礼宾行李—接待登记—客房电梯间。搞错了基本节点次序，宾客办理入住手续时，就要往返行走，会浪费很多时间，并可能造成众多麻烦
近便	在不影响功能布局和室内设计氛围的前提下，各种流线都要尽量缩短距离，为宾客提供便利

原则二：分道。

客房的分道要分别设置客用流线和管理服务流线，二者独立运行，不能混行交叉。为了表示对宾客的尊重，服务流线、货物流线既不能与宾客流线混行，也不能交叉。

现代酒店大多都是高层或超高层建筑，而且大厦内经常会用竖向叠合方式集合酒店客房层、公寓物业层、办公写字楼层、公共区域层等多种业态，酒店垂直流线设计具备明显的专业要求，不仅对运载电梯的数量、性能做了规定，还格外重视共性要求。

共性要求可以归结为两点。

（1）乘用梯的专属性。根据使用性质，垂直电梯可以明确区分为两类，一类是客用，另一类是员工后勤用，二者不能混用。

（2）区域连接的专属性。不同性质的垂直电梯只能停靠在规定的专属区，比如，客用电梯只能停靠在宾客活动区，不能停靠在后勤内部区；员工电梯可以通过客用区，但停靠的位置一定要位于后勤区，经过渡空间如电梯间、廊道等，才能进入客用区。

3.1.4 客房流线的设计要点

客房流线设计要注意以下几个要点。

要点一：明确客房的具体位置。

在酒店功能区域内，最好将酒店设置在主楼体的上部，将餐饮、娱乐、休闲等功能区放在裙楼部分；易带来巨大噪声的 KTV、舞池等娱乐场所必须与客房区严格分开，不能设置在客房所处的主楼范围内；如果实在无法避免，务必要做好隔音处理。

要点二：做好客房空间流线设计。

酒店客房空间流线设计主要涉及四个方面，分别是入口、宾客主流线系统、宾客旁通流线和专用的流线系统。

（1）认真设计好入口。这里的入口主要有三个：主入口、副入口和宴会入口，具体设计要求如表 3－2 所示。

表 3－2　入口的设计要求

	设计要求
主入口	主入口主要供宾客入住登记和日常进出，要将总台、大堂、客房电梯等与之连接在一起。在大堂总台要能直接看到电梯间的位置
副入口	副入口主要为公共区域的服务项目、团体宾客、有私密迎送要求的宾客提供服务，不能对主入口的入住宾客造成影响
宴会入口	为了方便在最短的时间里将宴会、会议等集中人流运送或疏散开，要在宴会入口设置扶梯

（2）宾客主流线系统可以细分成不同组系，比如住宿宾客流线、公共区域服务项目流线等。整个流线系统为：宾客经酒店主入口进入大堂，办理入住手续，之后直接到达电梯区；接着，电梯将人流进行竖向分配，分别运送到各客房楼层。设计宾客主流线系统的时候，可以从下面几点做起。

①公共区域服务项目的宾客由次入口经过专用门厅分流到各服务项目，如餐厅、康乐中心、团体接待室等。

②规模比较大、经营项目门类较多的酒店，要为流量比较大的本地餐饮宾客，持有专用卡的周边常住宾客、贵宾，有私密迎送要求的宾客等，提供不同的服务。

③宴会宾客一般都人数众多、进入酒店时间集中，瞬时流量大，附有多种迎送方式。设有大型宴会厅的酒店，为了保证宾客能够从入口经专用通道、扶梯直接到达宴会区，要设置独立的宴会入口。

④度假型酒店兼顾团体和散客，团体宾客一般都占用空间大、特点专一、相对嘈杂，为了满足这部分宾客的需求，就要设置专用的团体入口、接待室，用专用通道连接电梯，将团体宾客分配到客房楼层。

（3）设计好宾客旁通流线。为了满足酒店复杂的功能区域连接需求，宾客主流线节点之间、主流线内部的支流线之间要建立旁通流线。比如，为了便于宾客前往餐饮区、会议区、康乐中心、商业区等配套服务区，高层主楼住宿宾客垂直流线和低层裙楼公共区域流线要在低楼层区域电梯间会合；裙楼公共区的同一楼层平面不同功能区域旁边往往连接最复杂，各主流线内部的支流线要采用“枝状”分布，通过主次廊道联系在一起，分别形成团组关系。

（4）设计专用的流线系统。这也就是人们常说的贵宾专用通道。专用的流线系统通常都由特定人群使用，具有一定的封闭性，比如，高星级酒店都会设置若干个行政客房楼层和专属行政酒廊，内设专用接待柜台、会客厅、餐厅和会议室等。为了确保该楼层的特点，内部流线会形成一个自封闭的循环系统。为了防止陌生人进入客房楼层，电梯要配备梯控系统。如果不安装梯控系统，宾客从地下停车场的电梯出来后，要想进入客房楼层，就要在一楼的公共电梯进行转换。

要点三：客房电梯的设计。

在设计客房电梯的时候，要重点考虑两方面的因素。

（1）位置。为了减少宾客到达最远房间的距离，要将电梯集中设置在楼梯中间；为了照顾特殊人群，要为他们设置专门的电梯；观光电梯要根据楼梯结构，设置在楼体的端侧；员工电梯（兼货梯及消防电梯）要尽可能设置在方便员工使用的地方，不能与宾客流线交叉，同时要远离客梯。

（2）数量。电梯的数量具体要求为，主要承载客梯的电梯数量与客房总数比为1∶70；观光电梯不能作为主要承载客梯使用，只能作为附加客梯出现，数量控制在1～2部；员工电梯，可以设置2～3部。

3.2 客房区域的设计

客房是酒店服务的根本，也是酒店收入的主要来源。很多人认为，酒店的客房设计非常简单，不就是地面地毯、墙面墙纸吗？其实不然！客房设计是体现酒店为宾客提供硬件服务极重要的地方，地毯、墙纸、家具、灯具、窗帘、洁具等的选择和配置都有严格要求。

在从事酒店管理工作的三十多年中，笔者一共筹建过十多家五星级酒店，同时也对国内外的很多品牌酒店进行过考察，观察到众多不同的室内设计风格，让笔者感受最深的就是“以人为本”的设计理念。图3－2是某酒店的客房。

图3－2 某酒店的客房

那么，如何才能设计一个完善的酒店客房，如何才能将“以人为本”的理念融入其中呢？下面，让笔者给大家介绍一下。

3.2.1 客房入口通道的设计

一般情况下，在客房的入口通道处要设置衣柜、酒柜、穿衣镜等。设计客房通道时，要注意以下几个细节。

细节一：通道地面要采用石材。

通道地面采用地毯或木板，时间长了，就会发霉、腐烂，继而影响到客房的整洁度和美感，因此通道的地面最好使用耐水耐脏的石材。如此，宾客开着卫生间的门冲凉、洗手或洗头发时，即使有水溅出来，也不会对地面造成影响，只要拖干即可。

细节二：做好衣柜和行李柜设计。

在通道位置，通常都会设置衣柜。关于衣柜的设计，不同性质的酒店对衣柜空间的大小要求也不尽相同，比如城市商务酒店的衣柜一般都比较小，因为宾客停留的时间都比较短；休闲度假类的酒店衣柜通常都比较大，因为宾客往往是一家人出游，住的时间比较长。

同时，为了减少开启或滑动的噪声，衣柜门的轨道要用铝质或钢质的；将门磁安装在衣柜门框上，通过与门磁的接触，对衣柜内的灯光进行控制。此外，设计行李柜时，为了增加对墙面的保护，要增设防撞条，行李柜顶面要加装防护垫。

细节三：不能忽视灯光设计。

客房入口灯光的设计，具体要求如下：通道顶灯要采用感应式照明灯；将夜灯设置在通道墙距地面0.3米的位置，不能设计在卧室墙面上；夜灯要设计在通道右侧；在通道墙壁距地0.3米的位置，设置一个不间断电源，供员工打扫卫生时使用；天花板上的灯最好选用带磨砂玻璃罩的节能筒灯或LED灯。同时，装有客控系统的酒店，设计智能化灯光时，可以设计成“一打开门灯就亮，一关门灯就自动熄灭”的模式。

3.2.2 客房卧室区的设计

客房卧室区的设计要点，主要有以下几点。

要点一：衣柜的设计。

衣柜是客房的必要设施，其具体的设计要求如下：衣柜门不要做成平开门，否则随着门扇重量的增加，会造成损坏；穿衣镜不要设在门上，否则会增加门的重量、影响门的开启。衣柜的进深不能低于5.5厘米，宽度不能小于1.2米，内净高度为1.8米，内部吊挂空间至少为1.5米；在放置烫衣板和电熨斗的对面一侧1米处，设置三个挂钩，用来悬挂鞋拔、雨伞、衣服刷等。为了减少火灾或触电隐患，衣柜内的灯最好设置独立的控制开关；内部保险箱既不要设计得太高，也不要设计在宾客弯腰才能够到的地方。

要点二：床铺设计。

床铺是供客人休息的地方，其设计的好坏会直接影响宾客的睡眠质量。因此，为了让宾客在酒店获得舒适的休息体验，在设计床铺的时候，就要注意以下几点。

（1）大小。以标准双人间为例：如果客房采用长9.8m×宽4.2m（轴线）的建筑柱网，卫生间面积为8平方米，通道宽度是1.4米，为了提高星评得分要求和舒适感，最好使用1.35米宽的卧床；同时，在两张床中间放置一个宽0.6米的床头柜，床与床头柜的距离保持在5厘米左右。

（2）规格。为了便于清洗，床靠背不要做成固定的软靠式。同时，为了确保宾客睡眠充足，还要做好床垫设计。

（3）吊顶。相邻的客房分隔时，客房一端的结构梁就会露出来，为了将该梁遮挡住，要使用全吊顶或局部吊顶。当然，为了降低成本，最好使用局部吊顶；也可以在吊顶上安装筒灯或将其做成灯槽形式。

要点三：家具安排。

为了满足宾客的需要，要配备合适的客房家具供宾客使用，比如桌子、椅子等。具体来说，客房中家具的安排要求如下。

（1）椅柜。客房卧室区椅柜的设计要按照以下标准来：写字台、电视柜、行李柜、床头柜、茶几等台板及立面表层要使用人造板，收边、脚、腿等要使用实木。为了节约成本，可以将表面为天然材质的人造板和实木结合在一起制作家具，也可以将人造板和金属、石材、玻璃等材料结合起来使用。同时，为了宾客的安全，所有家具的角都要设计成钝角或圆角。

（2）镜子。客房卧室区镜子的设计要注意以下几点：不要安放化妆镜，一则女士一般不会坐在卧室的化妆镜前化妆；二则有些住客忌讳镜子对着床。同时，不要设置全身镜；在床头一面的墙壁上，不要设置局部镜面。

要点四：照明设计。

为了打造良好的照明效果，酒店一般都会花费一些心思，用材和软装更要精挑细选，可是一到晚上，照明就会黯然失色，有些酒店的照明甚至“惨不忍睹”。酒店使用不合适的灯光照明，即使室内装修得再豪华，也会让宾客感到不舒服。笔者认为，要想提高卧室区的照明效果，就要合理使用下面这些灯。

（1）吸顶灯。为了增加整间客房的照明度，除了常规的台灯、落地灯、床头灯、廊灯、夜灯、吧台灯外，还要增加吸顶灯。

（2）射灯。吧台处要使用射灯。卧室区，除了床头上方，其他墙面的挂画上方顶棚都要设置一个可旋转45度角的射灯，直射挂画。当然，床头上方顶棚不能使用射灯：第一，不安全，射灯爆炸时容易伤到宾客；第二，实用性不强，仅能让外观效果好一些，对照明贡献不大。

（3）暖光灯。客房卧室区要采用暖光源。

要点五：客房饰品的选用。

为了营造一定的氛围，还要用饰品来搭配装饰，比如挂画、挂件等。关于饰品的选用，以标准间为例，具体要求如下：可以使用挂画，但不要使用抽象派的画；同时，为了减少宾客的不安全感，不要将画直接挂在床头的正上方。使用艺术品的时候，如果想从侧面体现出酒店的品位，最好选择原创的国画或油画。当然，装饰品还可以以自然、植物、人、书法等为主题。

要点六：强弱电端口设计。

将强弱电端口设计在不合适的地方，不仅会显得突兀，还会影响整个客房美观。强弱电端口的使用，以标准间为例，具体要求如下。

（1）插座。插座的设计要求为，不间断电源插座，最少设置4个：一个设置在小冰箱后，要距离地面0.3米；一个在通道墙面位置，距离地面0.3米；其他两个分别设置在床头柜以及保险箱处。在距吧台台面0.1米的位置，要设置一个电源插座；在靠窗墙面距离地面0.3米处，设置一个电源插座，备用。

（2）面板。床头柜上要布置四个面板：1个床头灯调光开关，1个总控开关，1个夜灯开关，1个不间断电源插座。写字桌面上5厘米，即距离地面81

厘米的位置，并排齐布 4 个面板：1 个电源插座、1 个网络端口、2 个电话端口。电视柜位置距离地面 81 厘米处，并排齐布 5 个面板：1 个电视光纤端口，2 个电源插座，其中 1 个备用，1 个音频输出插座，1 个连接卫生间的 RJ45（通信引出端）连接器，备用。通道靠近进户门的墙面，距离地面 1.3 ~ 1.33 米的位置，并排设置 3 个面板：1 个插卡取电开关，1 个房灯总控开关，1 个“请勿打扰”开关。

（3）电话端口。床头柜背后距离地面 0.3 米的位置，设置一个电话端口，跟写字台上的电话号码相同。

（4）落地灯。在休闲沙发附近，安放一个落地灯。

（5）其他。在卫生间门口，距离地面 1.3 ~ 1.33 米的位置，设置 1 个卫生间照明开关、1 个排气扇开关、1 个空调调速开关。

要点七：其他内部设施安排。

客房内部空间的设施使用，要从宾客的角度去分析理解，努力营造一种至尊服务的氛围。除了上面介绍的设施外，有些地方还需要格外注意。

（1）电视。客房专用电视，最好采用悬挂方式，如果设置的是立式电视，下面就要设置一个旋转隔板，如此一来，宾客就可以随意调整电视角度了。

（2）空调。设置空调时，客房净高不能低于 2.4 米；不设空调时，客房净高不能低于 2.6 米。

（3）地面。地毯（地板）要耐用、防污、防火，不要使用浅色或纯色的；可以使用复合木地板，既实用，又卫生，且温馨舒适。

（4）窗帘。窗帘的轨道要选择耐用材料，遮光布要选择较厚的、能水洗的，窗帘布的皱褶要适当。

3.2.3 客房卫生间的设计

客房卫生间是体现酒店整体硬件标准的重要特征之一，不仅要满足功能需求，还要创新格局、变化空间、丰富视觉。客房卫生间必须提供如下设施：坐便器、淋浴间、浴缸、台盆等。具体设计细则和要求如下。

细则一：坐便器设计。

客房卫生间坐便器的设计要求如下。

（1）位置。确定坐便器的位置时要采用一些隐蔽式设计，不要正对门；

要设置一个独立的小空间，内部净宽 85 厘米，净深 1.2 米，单独开门，保留采光。

（2）马桶。选用抽水力大的静音马桶时，不要选用太复杂的，要选用易于操作的马桶。奢华型五星级酒店可以使用自动马桶。如果要使用抽水力大的静音马桶，马桶翻盖口内圈净长要超过 0.3 米，妇洁器旁边还要放置使用说明。

（3）附属。马桶左侧不仅要设置厕纸架，还要提供一个备用厕纸架、一个烟灰缸架、一个手机层架。

细则二：淋浴间设计。

淋浴间需要配备的东西有很多。在距离地面 1.35 米高的位置，设置一个肥皂盒；提供一个淋浴花洒，使用热带雨林淋浴系统时，淋浴设施应简洁、实用，可以采用“固定大花洒 + 手持喷头”；水管要做成入墙式，做好防漏、保温等处理。如果是手持淋浴头，必须位于距离地面 0.85 ~ 2.25 米高的滑竿上，花洒头最少离地面 1.8 米。地面地坪要向出水口倾斜，为了方便出水，可以在四周设置深为 1 ~ 1.5 厘米的水槽，该水槽高处的接触面必须是倒角圆边。

细则三：浴缸设计。

浴缸的设计要求如下。

（1）位置。为了减少沐浴的单调性，可以将浴缸独立设计在阳台上，泡浴时宾客可以同时欣赏室外风景；在阳台上增加电动窗帘，不仅可以增加一些浪漫色彩，还能增加私密感。

（2）标准。使用符合当地规范和行业标准的白色浴缸，最短为 1.5 米，同时配置弹出式浴缸塞子与溢流口。

（3）安全。为了防止宾客进出浴缸时滑倒，最好安装一个垂直安全扶手杆；同时，要在浴缸旁墙面及淋浴墙面分别安装不锈钢拉手和扶手。在浴缸侧墙距离地面 0.7 米以下的地方设置紧急呼叫按钮或者拉绳式呼叫装置；在墙面上设置“请稍候”按钮，另外一端在门外做出显示。

细则四：台盆设计。

卫生间台盆的设计，掌握几个关键点即可，如表 3 – 3 所示。

表 3－3　　台盆设计的关键点

	关键点
位置	把台盆设置在卫生间的小前厅，台盆面距地面 82～85 厘米，长度最少为 1.2 米
水龙头	水流太猛，会溅到宾客衣服上，造成一时不便和不悦。为了减少水龙头的冲力，要选用轻柔出水、出水面比较宽的水龙头
化妆镜	洗手盆上方要安装防雾化妆镜，一面是平面镜（1∶1），一面是放大镜（1∶3）；同时，化妆镜要满足以下要求：镜面要大，镜子背面要配置除雾器或电子除雾镜，台盆柜上方要安装壁灯。同时，化妆镜必须与浴室的内部设计相匹配
灯光	镜前灯要设置防眩光装置，筒灯最好选用有磨砂玻璃罩的，或安装 LED 灯
电源	设置洗面盆墙面时，要安装 110～220V 电源转换器（带防水罩）、干发器、干发器电源插座（带防水罩）
垃圾桶	洗脸台下必须提供一个使用阻燃材料的垃圾桶，不能有盖子。内胆、标志、垃圾桶的设计必须与酒店客房内设计保持协调

细则五：地面设计。

客房卫生间地面的设计，要关注以下几方面。

（1）地面要防滑、耐污，最好使用专用地砖或大理石，奢华酒店也可以使用花岗岩；也可以在门背面及门框 3 厘米处加贴防水不锈钢板或粘贴石材、沙钢饰面等。

（2）在地砖和墙砖的收边处，要根据地砖颜色，打上不同颜色的防水胶。

（3）为了不让卫生间的水流入房间通道，在进入卫生间的门下地面，设立一块防水石材板。

（4）在淋浴或浴缸处，配置防滑垫；同时，在浴缸上方的墙面安装防滑扶手，在浴缸上方安装伸缩式晾衣绳。

细则六：墙面设计。

客房卫生间墙面的设计，要重视以下几点。

（1）设计浴室墙面时，必须使用天然石材或瓷砖贴面，不能使用涂料；同时，还要在防水涂漆完成的石膏板天花板上安装内嵌式排气格栅。

（2）卫生间和卧室之间的隔墙，采用“钢化玻璃 + 窗纱或卷帘”，不仅新颖、富有情调，还能节约照明电耗；单人卫生间可以跟卧室相通，也可以使用钢化玻璃。

（3）隔断，在玻璃上加上卷帘，能增强卧室和卫生间的通透性。

细则七：玻璃房设计。

淋浴玻璃房的设计要求为，一定要使用安全钢化玻璃，玻璃门边最好设有胶条；玻璃门上要粘贴防撞提醒及防滑标志。玻璃门与隔断必须满足以下要求：设有独立淋浴间时，底部尺寸最小为 0.9m（宽）×1m（长）；玻璃隔断使用不低于 1cm 厚的钢化玻璃；门与安装铰链的玻璃板结构必须使用不低于 1 厘米厚的夹胶钢化玻璃；非夹胶钢化玻璃门和安装铰链的玻璃隔断必须粘贴防爆式薄膜；在玻璃门边与底部，安装透明挡水胶条。

细则八：天花板设计。

设计卫生间天花板时，可以选用铝板等表面防水防锈的金属材料；为了便于拆装维修，不要使用暗龙骨铝板天花；做防火板材吊顶，要跟墙面保留 1cm 的缝隙。

细则九：置物架设计。

卫生间置物架的设计要求如下：必须提供一处毛巾存放空间，将一根毛巾横杆安装在淋浴间的玻璃隔断上；至少提供两个挂衣钩，挂衣钩须经过饰面处理，与水管五金件协调一致。

细则十：电话设计。

酒店的卫生间要设置电话，同时，在马桶的右前方侧墙上安装放置手机的托架。需要注意的是，为了不被淋浴冲到，要将电话安装在马桶右侧的干区。

细则十一：艺术品设计。

现代酒店，尤其是高档豪华酒店的卫生间，不仅要满足功能性、舒适性等要求，还要具有一定的文化品位，可以在洗手台、马桶上方或者浴缸侧墙上设置与酒店主题风格一致的艺术品。

细则十二：照明设计。

客房卫生间必须满足最低的照明等级标准，至少要设有全面照明；顶灯要单独设立开关，照明灯单独设置开关，由宾客控制；在梳妆台将多种色彩平衡的照明灯组合起来。

细则十三：其他方面设计。

除了上面的设计细则，在设计客房卫生间的时候，还要注意以下几个方面：设计奢华酒店浴缸区域时，要增加壁挂液晶电视，还要在浴缸侧墙设置美甲区；可以设置自动香熏机；为了降低噪声，可以采用管井集中排风方式；可以为各卫生间单独安装排气扇，分别在浴缸区和马桶区各安装一排气扇。

3.2.4 客房内部其他空间的设计

客房设计是酒店空间设计中的一个重要方面，宾客大部分时间都会停留在客房内，为了给宾客留下更深的印象，除了前面的几项外，还要重视客房内部其他空间的设计。

要点一：合理划分功能区。

除了前面介绍的卧室区和卫生间外，客房的内部空间还有这样几个功能区，如图 3－3 所示。

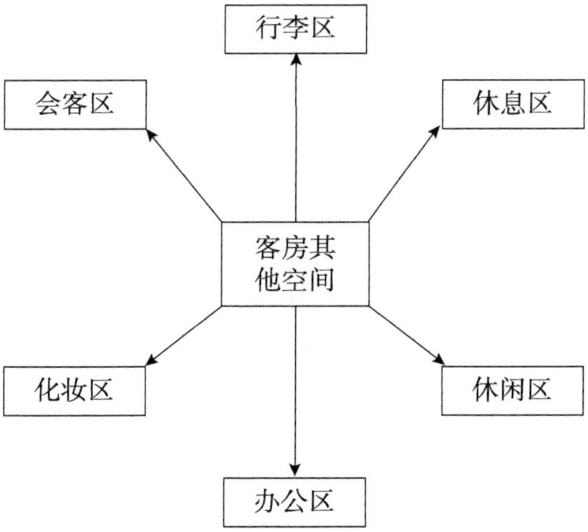

图 3－3 客房空间划分

要点二：提升客房空间的整体效果。

客房内部的空间设计，不仅要满足宾客的基本使用需求，还要满足宾客的精神审美需求；不仅要给宾客带来新颖的感觉，还要体现出酒店的特色和主题，给宾客留下深刻印象。同时，还要通过一定的形式与导向处理，让各部分形成独立空间，将空间的功能特点充分展示出来，提升客房空间的整体效果。

要点三：度假酒店客房要设阳台。

阳台是度假酒店的一大卖点。如果想在客房内设计阳台，要坚持以下几点：相邻客房之间、客房与公共部分之间的阳台要独立分割，不要造成视线干扰；为了体现度假酒店的风格，可以在阳台上设置独立的浴缸，为宾客带来别样的度假体验。图 3－4 是某度假酒店的客房。

图 3－4　某度假酒店的客房

3.2.5　客房隔音的处理

隔音是酒店客房的一大要求。如果相邻的客房都不隔音，宾客的隐私就会受到侵犯。因此，在设计客房时，一定要重视隔音的处理。

概括起来，客房的隔音可以通过下面一些手段来处理，如图 3－5 所示。

墙顶隔音　墙壁隔音　窗户隔音

房门隔音　管道隔音　地板隔音　工作间隔音

图 3－5　客房隔音处理手段

措施一：墙顶隔音。

如今的酒店都是高层建筑，如果墙顶的隔音处理不好，楼上的脚步声就会令楼下的宾客感到心烦，尤其是晚上入睡时，宾客更容易被突然出现的楼上脚步声吵醒，醒来就很难再睡着了。要想解决这个问题，就要使用专业的隔音材料做隔音吊顶。当然，也可以使用隔音的天花板，但成本较高。

措施二：墙壁隔音。

两间客房只有一墙之隔，如果隔音效果太差，两边都能听见对方的动静，就会严重影响到宾客的隐私。设计墙面时，为了提高降噪效果，最好在墙面上做些凹凸，比如用壁纸、壁布等做些装饰。当然，为了有效隔绝各类空气传声，还可以使用专业的隔音材料。

措施三：窗户隔音。

酒店一般都建立在人流量大、客源多的地区，外界环境嘈杂，很容易影响到宾客休息，所以在设计酒店时，一定要增加窗户的密封性，比如选用塑钢窗。

措施四：房门隔音。

酒店中的门一般都设计得比较厚重，用力关门不仅会缩短客房门的使用寿命，还会产生噪声，影响宾客休息。为了有效隔音，选择门的材质时，可以使用德国制造的“桥洞力学板”，它采用管状结构，隔音效果为 30 ~ 44 分贝。

措施五：管道隔音。

酒店卫生间也会产生噪声，比如流水声很容易影响到宾客。设计卫生间时，最好使用管道隔音。管道有螺旋降噪功能，还可以将声音隔开包裹。

措施六：地板隔音。

为了提高隔音效果，有些酒店会使用厚地毯，成本适中，体感舒适，符合大众需求。此外，还有一种软木静音地板，不仅能吸收踩踏地板时的动静，还能起到不错的隔音效果。

措施七：工作间隔音。

酒店中不仅有大堂、客房，还有电梯间、楼梯间、工作间、设备房、办公室等，它们会因功能性而产生较大的噪声。要想营造一个安静的客房环境，在修建酒店时，就要让它们与客房保持一定距离。

3.2.6 客房智能控制箱的设计

客房智能控制箱的设计，具体要求如下。

要求一：设置一个省电钥匙盒。

省电钥匙盒要满足下面几个条件：通过省电钥匙盒可以识别不同身份的卡，记录客房房态信息，将客房状态实时反映到相关管理部门；插入客房房卡，系统会根据控制程序，分不同时段自动点亮灯具；同时，客房空调受控于墙控面板，可以随意选择空调温度和风速；取出卡后，延迟约三十秒，自动切断全部指定的灯具，切断客房内受控电源，自动启动空调系统，进入客房保持温度的工作状态。

要求二：合理控制客房灯光。

开启客房门后未插入钥匙卡时，可自动开启廊灯；插入钥匙卡后，关闭客房门，会自动关闭廊灯，自动打开指定灯具；客房床头柜设置 1 个总电源开关、1 个床头阅读灯开关、1 个夜灯开关，总开关可以关闭客房内电器，如台灯、落地灯等；客房各床头柜位置的开关安装在墙上，具体的尺寸、位置、式样、颜色等都要统筹考虑。

要求三：空调风机和电磁阀的控制。

空调风机和电磁阀的控制应注意以下几点。

（1）宾客办理入住手续后，相应的客房空调就要进入满负荷状态，保证宾客进入客房时处于比较舒适的温度环境中。

（2）插入钥匙卡后，客房空调受控于控制面板，可以随意选择空调温度和风速；取出钥匙卡后，自动启动空调系统，进入空客房保持温度工作状态，制冷 28℃，制热 14℃，有效控制空调风机和空调电磁阀。

（3）宾客睡觉时，关闭床头总电源开关，客房空调进入睡眠节电模式；延迟半个小时后，若空调温度在宾客设定的基础上自动升高 2℃，开始制冷；若降低 2℃，开始制热。

要求四：设置服务功能开关。

通过系统控制程序，实现门铃与“请勿打扰”功能互锁，“请勿打扰”为红色；通过系统控制程序，实现清洁按钮和“请清理房间”显示按钮互锁，“请清理房间”为绿色；客房卫生间设置稍候按钮，门口设置稍候提示，“请稍等”为黄色；客房衣橱内设置洗衣服务按钮，同时在门口设置洗衣要求提示，“洗衣”为蓝色。卫生间设置紧急呼叫按钮，直接连接到酒店保安部。

3.3 客房走廊的设计

客房走廊是连接楼梯和客房的桥梁，要想给宾客留下好印象，就要重视走廊的设计。

3.3.1 客房走廊层的设计

图 3 –6 是某酒店客房的走廊层设计图。

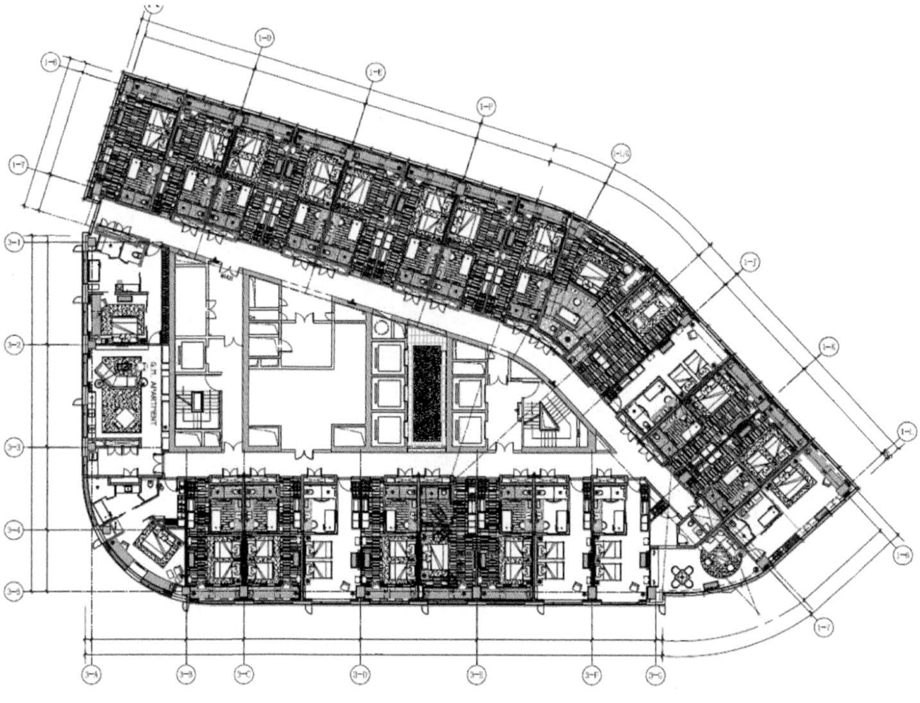

图 3 –6 某酒店客房的走廊层设计图

内容一：客房走廊的设计。

客房走廊的设计要为酒店和宾客营造一种安静安全的氛围，具体设计要求如表 3 –4 所示。

内容二：走廊管道井的设计。

走廊管道井的设计要遵守如下要求：为了方便卫生间内的分区布置，最

表 3-4　　　　客房走廊的设计要求

	设计要求
楼层	走廊要保持在同一水平面，如果有落差，服务通道要设置坡度不大于1:12的坡道
选材	地面、墙面使用的材料要便于维护，要有超长的使用寿命；地面尽量不要使用浅色地毯，要选择耐脏、耐用的地毯
完成面	装饰完成面必须与客房设计彼此呼应
护墙板	防撞的护墙板，作用类似于扶手，不仅能有效防止使用过程中的无意损坏，还可以为特殊人群提供方便
踢脚板	为了防止行李车撞到墙纸，要将墙边的踢脚板适当做得高一些，保持在0.2 米左右
安全标志	安全出口标志必须清晰设置在走廊醒目的位置。方向指示性房号标志必须装在电梯厅和走廊交界的墙面上。机电设备与防火生命安全设备不能在走廊的墙面上凸出。为了消除绊倒或滑倒的风险，不要设置台阶
过道宽	单边布置客房的走廊，墙与墙之间的最小净宽为 1.55 米；双边布置客房的走廊，墙与墙之间的最小净宽为 1.8 米，建议做到 1.89 ~ 1.98 米。客房门要从走廊向内退 20 ~ 30 厘米
灯光	走廊灯光既不能太亮，也不能过于昏暗，要柔和、没有眩光，可以采用壁光或墙边光反射照明

好设计成纵向形式；管道井门采用可活动的壁嵌式，同时在顶部设置两只射灯；为了将管道井门装饰成艺术品，可以在表面张贴一些装饰品或画；如果管道井是贯通式的，管道井门要采用防火门。

内容三：客房层污衣井道的设计。

客房层设置污衣井道时，污衣井道或污衣井道的前室出入口要设置乙级防火门；污衣井道内要设置自动报警装置、暗藏式的消防喷淋装置；污衣井道各楼层的门要自动联动，一层报警，其他各层的门要自动关闭。

内容四：客房层服务用房的设计。

客房层服务用房的设计应考虑下列规定：要根据管理要求及卫生防疫部

门的要求来设置每层或隔层；在靠近服务电梯的位置，设置工作间、储藏间、布草间、消毒间或开水间；储藏间内还要设置一个停放和操作手推车的空间；工作消毒间要设置有效的排气系统，防止蒸汽和异味进入客房。

3.3.2 行政酒廊的设计

行政酒廊，顾名思义，就是为商务行政宾客服务的酒廊。行政酒廊不仅为入住商务楼层的宾客提供房内登记、快速结账等服务，还为其免费提供西式自助早餐、下午茶等服务，为商务会谈提供便利。所以，行政酒廊具备一定的私密性。

行政酒廊就像飞机上的头等舱和商务舱，价格要高于普通楼层，面积规划要按照建筑功能而定，一般分为三部分：接待区、餐饮区和办公区。具体来说，各区域设计要求如下。

区域一：接待区。

接待区主要包括：前台接待、接待办公室、等候区。设计的时候，要注意这样几个方面：为了便于宾客找到行政酒廊，最好将接待区设置在距离入口比较近的位置；为等候区配备书报架，供宾客阅读；附近还可以设置电视等。

区域二：餐饮区。

餐饮区主要体现在餐饮部分，要设置就餐区、取餐台、备餐间等。具体设计要求为：餐位的数量一般要占据行政层可入住人数的15%；为了及时给宾客补充食品，要将取餐区和备餐间连在一起。

区域三：办公区。

办公区主要体现在商务中心、会议室、公共卫生间等。其设计要点为：服务人员的通道路线要尽量隐蔽，不要跟宾客路线交叉；要跟常规办公空间功能保持一致；装修风格可以相对灵活一些，但要与行政酒廊整体风格协调一致。

3.4 特色房的设计

酒店的特色房很多，市场不同，特色房的种类也就不同，有温泉房、情侣房、儿童房、总统套房等。在这里，笔者着重讲述儿童房和总统套房的设计，其他就不一一赘述了。

3.4.1 儿童房的设计

酒店面对的宾客不仅有成人，还有孩子。为了满足孩子需求，也为了吸引孩子注意，就要设计孩子喜欢的儿童房。具体来说，儿童房的设计要从下面四点做起，如图 3 –7 所示。

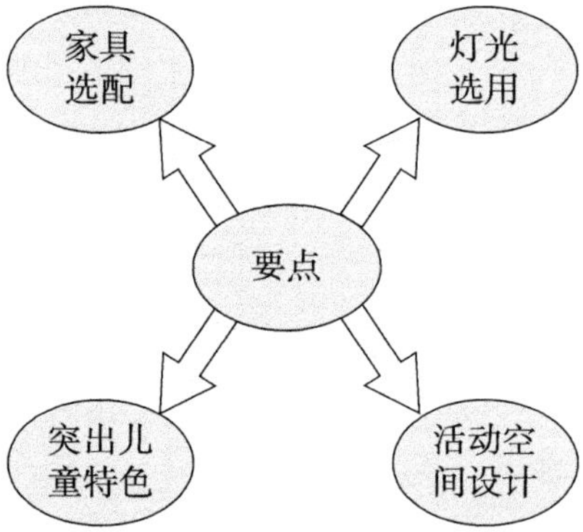

图 3 –7 儿童房的设计要点

要点一：儿童房家具选配。

儿童活泼好动，选配家具时，要提高实用性和安全性，总原则是，外表不要太华丽，线条也不要过于丰富，用色要深沉，风格要大众化，努力营造一种温馨平静的环境气氛。

处理好温馨和活泼的尺度是儿童房设计成功的关键，其具体要求是：选用的家具，棱角不要太多，应尽量采用圆角或平滑曲线；尽量少用钢铁、玻璃等质地坚硬的材料；家具造型要俏丽可爱、构思新颖，比如可以把床设计成车形、船形等；选择色彩时，酒店可以根据儿童的年龄、性别等选择不同的搭配，窗帘、床单、被套等可以选用色彩稚嫩、图案有趣的款式。

要点二：儿童房灯光选用。

儿童房灯光选用要体现出儿童活泼开朗的性格特征，具体设计要满足以下几个要求：灯具要结实耐用、灵活轻盈、富有情趣；为了保护孩子的眼睛，灯光既不能太强，也不能昏暗。一般来说，照度要控制在150~300勒克斯；学习和阅读时，照度要保证在500~1000勒克斯。

要点三：儿童房活动空间设计。

在条件允许的情况下，要尽可能为孩子保留更多的活动空间。在室内设置一些大型玩具，既可以满足孩子游戏需要，也能起到一定的装饰作用。此外，孩子们使用的日用品，比如坐垫、靠背、文具等，要采用富于想象力和童趣的造型。

要点四：儿童房要突出儿童特色。

和普通房间比起来，儿童房的设计要考虑很多因素，比如设计前，要考虑到孩子是不是喜欢、是不是感兴趣等；要提高房间的安全性，甚至还要设置儿童床和婴儿床。

此外，儿童房的设计还要具备亲子特色；要配置专门为孩子准备的浴袍、拖鞋、儿童床、造型可爱的儿童洗漱用品等。

3.4.2 总统套房的设计

总统套房是星级酒店用来接待外国元首或高级商务代表等重要贵宾的豪华客房，气派足、档次高、房价贵，其定位极高，其设计更要独具匠心。

总统套房服务的对象是少数顶端消费者，总统套房代表了酒店的真正实力，是酒店的一张华丽名片。关于总统套房的设计，总体设计要求如下。

（1）空间布局。总统套房不仅是休息场所，还兼具接待、会客、餐饮、办公等多项功能。为了将总统套房的功能很好地体现出来，要将总统套房的房间进行空间划分，如总统卧室及卫生间、总统夫人卧室及卫生间、书房、起居室、餐厅、备餐室及厨房、会客厅以及随从房、秘书房、警卫房等。具体设计要求如表3-5所示。

（2）装饰。总统套房接待的是十分尊贵的宾客，其装饰、家具等配置都必须是顶级的：家具要由高档天然材质制作，工艺要精良、考究，具有浓郁的文化特色；室内装饰要高雅、独特，与套房风格保持一致；套房内应配备现代网络通信设备；书房要配置与套房文化特色相匹配的图书。

表 3－5　　总统套房的设计要求

	说　明
会客厅	会客厅是用来招待宾客的，设计要点如下：为了营造一种温和而高雅的气氛，装潢色调要以乳白和浅粉色为主；为了提高文化氛围，还可以配备古董柜、欧式古家具、几组松软的沙发、水晶台灯和欧式古典壁画等
功能间	客厅隔墙可以设置一个酒吧间，里面配备吧台和酒柜。如果只要将家具挪动一下，就能在里面举办一个 20 人左右的鸡尾酒会，就更好了。会客厅的对面设置一个专供宾客使用的卫生间，为了让卫生间看起来华贵异常，可以使用白色大理石、银色水龙头、大镜子等
会议室	在会客厅半扇墙旁边，设置一间可容纳 10 人同时进餐的餐厅兼会议室。在餐厅的对面，设置一间十几平方米、具有家庭气氛的欧式厨房。厨房内提前放好电冰箱、微波炉、各种调味品等，供宾客在这里制作自己喜爱的家庭美食

（3）选材。总统套房同样要具备普通房间的特性：安全、方便。一方面，为了提高安全性，设计客房对外窗户时，可以采用符合安全标准的防弹玻璃；建筑隔墙、装饰隔墙等要采用实体墙；可以单独配备独立电梯和通道等。另一方面，为了提高宾客舒适性，为宾客工作活动提供方便，要将主人和夫人的卧室设置在整个套房的最里面，卧室内设置更衣间、化妆间、卫生间；从主人卧室往外延伸依次是书房、起居室。餐厅、备餐间、会客厅是第二区域，要靠近套房主入口，与主入口用门厅分开。

（4）采光和色彩。要重视自然采光，在每间起居室都要设置视野开阔的玻璃窗。在整体色彩搭配上，要让墙壁、地毯、家具、窗帘、装饰画的风格色调相得益彰。

4 酒店餐饮区设计应注意的细节

民以食为天，餐饮区也是酒店的重中之重。酒店餐饮区不仅要重视餐饮品质，还要重视环境格调；不仅要重视酒廊等设计，还不能忽视了中餐厅、自助餐厅等。宾客来自五湖四海，为了满足不同宾客的需要，就要为他们提供个性化服务。

4.1 餐饮区的设计

酒店餐饮区的功能和环境都是酒店运营的重要方面，餐饮区包括中餐厅、宴会厅和特色餐厅，各项都要符合相关要求，不能忽视。酒店用餐环境决定着宾客用餐心情好坏，环境不佳，宾客自然就不愿意来；只有安排好座位，规划好平面布局，做好光线和色彩搭配，才能打造出宾客喜欢的餐饮环境，才能将宾客吸引过来。

4.1.1 酒店餐饮设计通则

要点一：餐饮区的规划。

酒店餐饮区的规划要从以下几方面进行。

（1）为了提高餐厅的市场竞争力，要为宾客提供独特、富有想象力的用餐体验。

（2）为宾客提供下列餐饮规划设施：大堂吧最少 40 个座位；酒吧或备餐间含在大堂吧内；一日三餐餐厅最少 120 个座位；风味餐厅最多 80 个座位。

（3）私人用餐区。要让私人用餐区成为餐厅的一部分或与餐厅有关联。

图 4 - 1 是某酒店餐厅。

要点二：餐厅的空间设计。

好的酒店餐厅可以为宾客提供一个“终点式”餐厅，为宾客提供高质量的食品饮料服务。

要想让餐厅运营成功，进行空间设计的时候，就要满足以下要求。

（1）出入口设计。餐厅的门要面向公共通道，保证宾客从大堂可以直接看到餐厅；为了方便宾客进出酒店，既要有通向酒店的内门，又要有通向大街的外门，外门要面向沿街，设置在沿街主面；为了保护宾客隐私，中餐厅还要设计一条贵宾通道，便于贵宾进出。

（2）玄关设计。酒店餐厅的玄关具体要求如下：玄关的设计要为餐厅定

图 4－1　某酒店餐厅

好基调；公共区域要提供容易进出的明显标志，强化入口，引导酒店宾客和社会宾客至接待台；设置接待台及衣帽寄存处，配备安保人员；如果餐厅空间相对封闭，不使用时可以将外入口锁上。

（3）接待台的设计。餐厅接待台的设计要求如下：设置一个接待台，主要功能是欢迎宾客、控制包房进出、处理结账、监督衣帽寄存等；如果条件允许，可以让宾客从这个位置看到菜单、餐厅室内和自助餐区。

（4）服务站的设计。服务站的设计具体要求如下：干式服务站，每 75 个座位设一个，提供饮水壶、咖啡壶、餐厅专用酒展示、面包、桌布与餐具等；湿式服务站，每 120 个座位设一个，提供星盆、咖啡机、饮料设备与冰块等。具体数量和规格可以参考以下标准：零点餐厅，一个服务站可以为 30 个餐位提供服务；宴会餐厅，一个服务站可以服务 50 个餐位；西餐厅，一个服务站可以为 75 个餐位提供服务。

（5）服务入口的设计。服务入口的设计具体要求如下：不要让宾客从用餐区直接看到厨房内部，除非是开放式厨房；提供一个入口、一个出口；提供 0.9 米净宽的门与视窗；门的开启角度不能超过 90 度；为了防止噪声和灯光从厨房传到用餐区，要在入口处设置挡板。

（6）逃生通道的设计。逃生通道包括紧急逃生通道，其设计要求如下：至少设计两个出口，主逃生口要面向大堂；第二个逃生口要经由室外门或防火通道和消防梯逃到室外。室外逃生门要安装报警装置和标志。

（7）卫生间的设计。卫生间的设计要求如下：餐厅卫生间最好设置在大堂中靠近餐厅和大堂吧入口的位置；清洁间要安排在主要食品服务设施附近。

（8）储藏室的设计。储藏室主要用来储存儿童座椅、餐盘、备份物品、餐椅等，设计要求如下：具体位置不能对逃生口与流线造成干扰；可以设置在临近接待台、服务站、厨房入口等位置。

要点三：就餐区的设计。

就餐区的设计要求如下。

（1）明确定位。为早餐、中餐及晚餐提供不同的设施，自助餐区可以提供早餐，也可以提供一日三餐；设计高档用餐区，安排高级别的休闲座位。

（2）大小和区域。具体要求如下：空间包括座位区、流线和自助餐区，要跟设施规划配合起来；高档用餐区，各座位面积为2.6～2.8平方米；升级的休闲用餐区，各座位面积为2.2～2.4平方米；纯座位区，各座位按1.2～1.4平方米计算；吊顶高度，最小为3米。

各类餐厅与吧台的常用参数如表4－1所示。

表4－1　各类餐厅与吧台的常用参数

类　别	参　数
24小时餐厅（包括自助餐厅）	每座2平方米
高级餐厅	每座2.5平方米
主题餐厅	每座2.7平方米
总吧	每座1.8平方米
大厅休息室	每座2平方米
其他酒吧、俱乐部、休息室	由《酒店项目规划》规定
中式餐厅	每座加私人空间2.5平方米

（3）座位区安排。设置要求有：座位区要分隔成两个或者更多小区，淡季时将局部进行封闭，也可以当作私人用餐区；依据所在区域和不同的餐饮概念，调整座位比例，为宾客提供不同形式的座位；提供可见的自助餐台视线，提供容易从座位区至自助餐台的流线；为了减少对自助餐台空间流线的干扰，不要让餐桌太靠近自助餐台；座位区域的安排要用隔断或复式地板设置展示层架、柜子或不同立面；结合上述固定件，做好房间隔断；不要出现

大众食堂式的座位安排，要依据餐饮概念合理搭配单椅与长条沙发。

（4）私人用餐区。可以将其设置在有主要室外景观或室外阳台的位置；提供一个声音和视线都能跟主要用餐区分开的座位区，供小团体使用；依据设施要求，提供 12～30 个座位；座位要跟主用餐区座位区结合起来，在餐厅使用高峰时，私人用餐区可以开放使用；入口和玄关要紧邻，便于宾客到达。

（5）点菜服务。封闭式点菜厨房要支持自助餐服务和点菜服务；自助早餐的提供要依据“自助餐服务”单元来界定；将展示厨房和自助餐区结合起来，为自助区和点菜服务提供支持。

（6）食品区设计。通常，食品区要利用一种或多种形式为宾客提供服务，比如快捷酒店的早餐可以采用简单便捷式的早餐自助餐；高星级酒店的早餐自助餐不仅要让宾客吃好、吃饱，还要保证 90% 的菜品是现场制作的。同时，食品区还要为宾客提供展示烹调、厨房及点菜服务。

（7）自助服务设计。具体要求如下：利用木制家具或柜子做自助餐台的底座；为了方便宾客，减少排队，要优先把自助和餐台进行分段设置；在用餐区设置一个厨师站，配备固定式或活动家具；为了方便在不干扰宾客流线的情况下加菜，要设置一个后勤通道；在自助式或者半自助式服务区，为宾客提供食品服务。

只有自助餐台区提供自助早餐；午餐和晚餐，只提供从厨房出的点菜服务。在晚餐服务时，自助早餐台要被安排成下列中的一种固定展示，如表 4－2 所示。

表 4－2　　自助早餐台的固定展示

展示方式	要　求
隐藏式	晚餐时，如果自助早餐台需要隐藏，就要将自助早餐区域设置在一个凹室内，同时提供屏风或者其他替代方案；同时，将食品服务设备放在花岗石台面下
固定展示	为了自助早餐台在不用时不暴露在宾客视线内，要把自助早餐台改装成一个吸引人的台面或长形条桌，同时加上鲜花点缀或者摆上与餐饮主题有关的摆件

（8）展示烹调站的设计。在展示烹调站，食品要按照宾客批次进行现场制作或在自助餐台上现场烹调，烹调站要为宾客提供从煎蛋到制作豪华自助餐等一系列服务。

（9）展示厨房的设计。展示厨房既可以跟自助餐结合在一起，也可以支持自助餐或当成一个独立设施。展示厨房的视线要跟特殊人群设计准则相配合。

要点四：风味餐厅（特色餐厅）的设计。

为了满足宾客的个性需要，要为他们提供安静舒适的用餐场所，供其自由体验午餐或晚餐。风味餐厅的设计，要满足以下几方面。

（1）设计要点。风味餐厅的设计要求：菜单内容广泛、座位区风格迥异、食品展示清晰，为宾客提供特殊的食品概念；设置在五星级酒店或度假型酒店内的，要结合地域文化和大众喜好来选择餐厅类型。

（2）设计标准。按照下列标准设置风味餐厅：最好选择一个从大堂能明显看到的位置，门面应朝向公共通道；设置在公共区域，有较明显的入口或展示空间面向公共通道；为宾客和社会大众提供一个直接通道；即使是不同的餐厅，也要尽量共同使用厨房。

（3）大小和面积。风味餐厅区域包括座位区、流线与固定家具，要跟设施规划表保持一致；高档用餐区，各座位面积为2.6～2.8平方米；升级风味用餐区，各座位面积为2.2～2.4平方米；风味用餐区，各座位面积为2～2.2平方米；吊顶高度最低为3米。

（4）空间设计。风味餐厅应包括如下空间：入口、接待台、酒吧/等候区、衣帽区、座位区、私人用餐区、展示烹调区、服务站、储藏室、收银台、酒类展示区等。

4.1.2 酒店用餐环境设计

酒店用餐环境指的是宾客在餐饮区用餐时所处的环境。从专业角度看，酒店用餐环境设计主要包括：餐饮区的面积、空间、档次、风格、光线与色调、温度、湿度、声音等。宾客到餐饮区就餐，在享受美味佳肴和优良服务的同时，还要从周围环境中获得相应感受。因此，如果想提升餐饮区的服务效果，首先就要给宾客提供一个舒适的就餐环境。

一方面，要有利于销售。酒店餐饮区的设计与布局应有利于酒店产品的服务与销售，能让宾客流连忘返，吸引宾客再次光顾。要从营业方式、经营格调、空间规划、设备配置、照明及色调变化、适应宾客心理等方面入手，打造出一种独特风格。

另一方面，要给宾客留下深刻印象。无论采用哪种经营形式，都要努力提高酒店对宾客的吸引力，使宾客产生好感与信任感。比如设备配置要讲究实用性；格调要力求美观脱俗。那么，如何才能设计出这样的用餐环境呢？要点如下。

要点一：用餐环境的外部设计。

进行用餐环境外部设计的时候，要注意酒店餐饮区的门面、大门口、展示窗、霓虹灯、招牌等，都要力求让人过目不忘。另外，门面要保持卫生与清洁；餐饮区外表要能激起人们对餐饮产品的想象，使人们一看就知道这是哪类餐厅，甚至能估计出其消费水平。

要点二：用餐环境的餐桌椅使用。

用餐环境的餐桌椅使用，要关注以下几点。

（1）餐桌椅的风格。对于酒店餐厅来说，餐桌、餐椅是必备设施，更要注意风格处理。比如显现天然纹理的原木餐桌椅，透着自然淳朴的气息；金属电镀配以人造革或纺织物的钢管家具，线条优雅，具有时代感；高档深色硬包镶家具，风格典雅，气韵深沉，富有浓郁的东方情调。安排餐厅家具时，要选用适合酒店风格的家具，东拼西凑只会显得凌乱而不成系统。

（2）用具存放空间。设计餐厅时，要充分利用分隔柜、角柜等将下列功能设施容纳进就餐空间，给宾客提供一个方便、惬意的就餐环境：配备餐饮柜用来存放餐具用品，如酒杯、开瓶器等；设置一个临时存放空间，用来存放饭锅、饮料罐、酒瓶、碗碟等食品用具。

（3）家具的摆放。餐厅内摆放家具时，不能将空间占满，要为宾客的室内活动留出合理空间。要按照餐饮区的平面特点，结合餐厅家具的形状，进行合理布置：如果餐厅区比较狭长，可以在墙边或窗边放一张长桌，将长凳挨着窗边摆放，桌子另外一侧摆上椅子，如此空间就会显得大一些；如果有必要，还可以安放抽拉式餐桌和折叠椅。当然，不管将餐桌布置在什么地方，都要距离厨房近一些。

要点三：用餐环境的界面处理。

所谓用餐环境的界面指的是形成一个使用空间所需要的地面、侧面和顶棚。酒店餐厅界面材料的品种、质地、色彩跟空间本身的特点有着密切联系。关于酒店餐厅界面处理的具体要求如下。

（1）装修材料的选用。酒店性质和所处区域不同，要使用不同材料。比如度假酒店的餐厅装修风格与商务酒店餐厅不同，装修材料自然也就不一样。地面应选择表面光洁、易清洁的材料，如大理石、花岗岩、地砖；墙面的齐腰位置要用耐碰撞、耐磨损的材料，如木饰、墙砖等，做局部装饰、护墙处理；顶棚选用素雅、洁净的材料并用灯具烘托。

（2）地板或踏脚板的选用。地板或脚踏板不仅要跟硬地面和地毯结合在一起，还要依据餐饮概念来确定，不能使用大理石，否则容易被食品玷污；地毯在主要用餐区使用，要突出明显图样，色彩对比强烈；踢脚板要与地板及装饰合理搭配。

（3）天花板的设计。天花板的设计可选用花格吊顶、穹顶、挑檐吊顶等，为了给人带来亲切感，可以适当降低顶棚。

要点四：用餐环境的色彩布置。

酒店用餐环境的布置，应根据餐厅的风格、档次、空间大小等合理搭配；墙壁、天花板、地面等的颜色要合理搭配。

面对不同类型的宾客，要使用不同的色彩。总的来说，最好以明朗轻快的色调为主，比如橙色和相同色相的姐妹色。这些色彩都可以有效刺激食欲，不仅可以给人以温馨感，还可以提高进餐者的兴致。为了增加稳重感，墙面可以使用中间色，天花板色调可以浅一些。

当然，在不同时间、季节及心理下，人们对色彩的感受会出现变化，这时候完全可以利用灯光来调节室内色彩气氛。家具颜色较深时，可以使用明快清新的淡色或蓝白、绿白、红白相间的台布进行衬托。比如，一个人进餐时总会显得乏味，为了消除孤独感，酒店可以使用红色桌布。

灯具选用白炽灯，它会经过反光罩形成柔和的橙光，营造出一种橙黄色环境，消除死气沉沉的低落感。冬夜选用烛光色彩的光源或者橙色射灯照明，让光线集中在餐桌上，也会给人带来一种温暖的感觉。

要点五：用餐环境的陈设。

餐厅的陈设既要美观，又不能当花瓶，不能信手拈来、随意堆砌。不同的餐饮环境要使用不同的装饰用品。具体来说，餐厅中的软装饰，比如桌布、餐巾和窗帘等，应尽量选用较薄的化纤类材料，厚实的棉纺类织物很容易吸附食物气味、一时半会儿散不开，不利于餐厅环境卫生；花卉可以起到调节心情、美化环境的作用，但放置太多，也会让人感到烦躁而影响食欲；吃晚饭时，灯光淡雅，采用红、蓝、黄等颜色的花瓶，会让人觉得稳重。

要点六：用餐环境的灯光。

要考虑光源形式。酒店餐饮区可以使用自然光源（阳光）、人工光源、自然光源与人工光源混合三种形式。具体要采用何种形式，要根据餐厅的档次、风格、经营形式与建筑结构来确定；普通餐厅可以多使用一些混合光源；在高档宴会厅和法式餐厅中，要多使用人工光源。

餐饮区的灯具可以使用水晶吊灯、吸顶灯、壁灯、筒灯、照墙灯、台灯等。为了提高节能效果，可以使用智能化灯光设计，按照餐厅的运行模式设定智能模式。但自然光的日照长度会随着天气变化自动调整，因此设计智能模式时要开放自然接口，方便酒店工程部随时更改智能灯光的开关时间。全日自助餐厅要预先实现调光模式。

要点七：用餐环境的温度和音响。

酒店餐饮区如果四季如春，不仅会吸引宾客来用餐，也会给员工提供一个良好的工作环境。音响系统调节、控制得当，不仅能让宾客获得生理上的满足，还可以得到精神上的美好享受，为了增进宾客的食欲，可以在区域内设置音乐播放系统，在用餐过程中播放一些音乐。

4.2 中餐厅的设计

高星级酒店通常都会设置一个品位独特的中餐厅，为宾客提供高质量的食品饮料服务。图 4 -2 是某酒店中餐厅的局部图。

酒店中餐厅的设计不仅要结合当地的饮食文化，还要迎合食客的喜好。具体来说，设计要点如下。

图 4－2　某酒店中餐厅的局部图

要点一：确定位置。

中餐厅的位置选择要满足这样几个条件：设置在二层以上或顶部楼层的公共区域；设置 10～12 个包厢，包括一个贵宾包厢，使用电动圆桌。

要点二：设计入口。

不要让宾客从用餐区看到厨房内部，开放式展示厨房除外；将厨房进出口分开；提供 0.9 米净宽的门与视窗，门的开启角度不能超过 90 度；入口处为了防止噪声和灯光从厨房传到用餐区域，要提供一个挡板；如果中餐厅设置在一层，最好沿着建筑物室外设置一个直接入口并提供显著标志。但是，直接入口要跟酒店大堂入口明显区分开来。

要点三：设计玄关。

酒店中餐厅的玄关设计应作为中餐厅的基调，给宾客留下良好的第一印象，要便于宾客进出，并利用明显突出的标志加以强化。

要点四：设计接待台。

在中餐厅的入口位置，要提供两个接待台，方便宾客看菜单和预订座位；同时，要提供一个与用餐区分开的小型团队等候区。

要点五：设计服务站。

不同类型的服务站，具体要求也是不一样的，如表 4－3 所示。

要点六：餐桌的设计。

中餐厅餐桌的设计应符合餐厅的整体设计风格。餐椅可以选用皮面和织

表 4-3　　不同类型服务站的设计要求

	设计要求
干式服务站	每 75 个座位设一个，为宾客提供饮水壶、餐厅专用酒展示、桌布与餐具等。可以设置一个大型服务站与一些小型服务站，使用木制品或定做的木制品，使服务站成为焦点
湿式服务站	每 120 个座位设一个，为宾客提供酒水、饮料设备与冰块等。在后勤区，邻近餐具回收通道，要设置主要服务站；同时，利用隔墙将食品服务设备遮挡住，只要服务员能直接看到用餐区即可

布餐椅；织布须经过防污处理；餐桌尺寸要依据菜品、摆设、餐饮概念和种类确定。

要点七：包房的设计。

酒店中餐厅内要设置若干用餐包房，包房内要有独立卫生间和服务间，服务间要设置单独出入口，与包房入口分开并且向包房内开门；最好设置一间 20 人座的大包房，设置 2～3 个可以分合的联通式包房；设置休息区和衣帽柜；包房的送餐通道不要穿越大堂用餐区。

要点八：储藏室的设计。

中餐厅储藏室的具体要求如下：储藏室的大小应足够容纳儿童座椅、餐盘、备用品、餐椅及类似家具；不能干扰逃生出口和宾客流线，可以设置在接待台、服务站或厨房入口附近。

要点九：卫生间的设计。

中餐厅的卫生间既可以设置在公共区域并靠近中餐厅入口，也可以设置独立卫生间；在主要食品服务设施附近安排特定的清洁间，用来存放清洁设备和备用品，同时为同楼层的餐饮设施提供服务。

要点十：逃生通道的设计。

如果中餐厅的座位超过 50 个，就要设置紧急逃生通道，其设计要求如下：至少提供两个出口，主要逃生出口可朝向大堂，第二个逃生出口必须经由室外门、防火通道或消防梯逃到室外；逃生通道不能穿越厨房区域；室外逃生门要安装报警装置与标志。

4.3 自助餐厅的设计

自助餐厅的用餐时间一般都比较自由，设计时要特殊对待。图 4－3 是某酒店自助餐厅组图。

图 4－3 某酒店自助餐厅组图

4.3.1 自助餐厅的功能及特点

酒店餐厅的服务形式一般分为三种：坐等式服务、柜台式服务和自助式服务。自助餐厅就是一个纯自助式的服务经营空间。酒店自助餐厅的经营管理模式决定了其服务形式。

4.3.1.1 自助餐厅的功能

自助餐厅和其他类型的餐厅一样，都是星级酒店的主要组成部分。从整体看，自助餐厅仅次于客房，是酒店经营的营业项目和经营收益部门，主要为住店宾客提供便捷的就餐服务，对外来宾客来说这里则是一家高级自助餐厅；同时，自助餐厅还为宾客提供免费早餐，是评星标准的主要砝码。

4.3.1.2 自助餐厅的特点

自助餐厅的经营通常是中西餐结合，中餐为主，西餐为辅。其中，中餐往往要突出地方菜或某种特色菜的风格；同时，还要根据实际情况，合理配置相应菜肴，并将菜肴按照一定的标准集中在一起，如凉菜、热菜、主食、点心、时令瓜果、雪糕、软饮料、酒精类饮料等，菜肴品种丰富、分类清晰、直观亲切。

4.3.1.3 自助餐厅的空间类型

根据功能要求，自助餐厅可以分为两大类：经营空间和服务空间。经营空间是核心问题，餐位的数量合理化和最大化是自助餐厅设计追求的目标。只有空间布局合理，灯光设计巧妙，装饰材料精致，空间色彩搭配合理，艺术品陈设富有特色，才能设计出合乎要求的自助餐厅。图4－4是某酒店的自助餐台区。

图4－4 某酒店的自助餐台区

4.3.2 自助餐厅的平面布局及设计规划

自助餐厅又叫全日餐厅、三餐餐厅，其布局的合理性主要取决于功能上的要求，其布局和规划要求具有不同特点。

4.3.2.1 自助餐厅的平面布局

自助餐厅的同类空间一般都相对集中。在服务空间中，自助餐台的位置需兼顾经营空间（就餐）和厨房等，布局要满足两大要求：一是靠近厨房出菜口，方便成品菜肴供应和补充，同时提供便捷的后勤服务路线，减少后勤服务流线和宾客流线的交叉和重合；二是方便宾客自助选餐。

自助餐厅提供经典的自助式服务，有别于坐等式服务、柜台式服务，具有动态就餐的特点。其空间布局要以空间流线的设计为骨架，保证不同空间的逻辑关系清晰、合理；空间流线一定要清晰流畅，宾客流线和服务流线尽量减少交叉，减少宾客就餐过程中的身体磕碰，令就餐过程更加轻松、优雅，突出自助餐厅的优质服务。

轻松、优雅、舒适的宾客流线是完美自助就餐的基本保证。要以宾客流线作为菜品布置的基本依据，认真设计各类菜品的摆放位置。菜品所在的“点”是宾客流线最为重要的部分，要合理安排；菜品餐台、就餐空间和流线空间的穿插，要有很强的逻辑性、存在感、标志性、独立性和易分辨性，保证宾客取餐快速、准确、舒适和优雅。

4.3.2.2 自助餐厅的设计规划

概括起来，自助餐厅的设计规划内容如下。

（1）规划任务。为宾客提供24小时的餐饮服务和送餐服务：提供自助餐，每天三餐；依据自助餐厅的形式，提供VIP（贵宾）用餐包房、半封闭用餐区域和休闲散座；设置豪华自助餐台和展示厨房。

（2）功能区域。主要项目包括入口、接待台、糕饼房、等候区、衣帽间、座位区、自助餐厅或展示厨房、服务站、储藏间、收银台、私人用餐区、儿童娱乐区等。酒店可以根据自己的实际情况来设定合适的项目。

（3）具体位置。自助餐厅的位置选择要满足以下几个要求，如表4－4所示。

表4－4　　自助餐厅的位置设计要求

	设计要求
视线	能在大堂内看到自助餐厅的位置，入口要朝向公共通道
入口	入口的设计与自助餐厅主题应保持一致，可以跟大堂吧设置在一起
糕饼房	一般设置在全日餐厅入口位置，将通道与厨房连接在一起
厨房	可以从自助餐厅直接进入厨房
自助餐台区	可以直接通往厨房，重视从入口到自助餐台的直接视线

（4）自助餐厅的空间主要包括座位区、流线和自助餐台区，高档用餐区各座位占地2.5平方米，纯座位区则是1.5平方米，吊顶高度最小为3米。

（5）座位安排。酒店自助餐厅的座位安排要点如下。

①数量确定。座位区要分隔成两个或两个以上区域，根据具体使用情况，可以选择局部封闭或将某区域变为私人用餐区。

②座位种类。提供各种不同形式的座位选择，比如成对的双人桌、四人

桌；要依据所在区域和餐饮概念来调整比例；散座区，要用 0.6m ×0.9m 的餐桌进行组合。

③座位的布局。提供可看到的自助餐台视线，不能让餐桌太靠近自助餐台，以免干扰到自助餐台的空间流线；隔断及错层区域安排座位区，提供开放性和半私密性空间组合；座椅摆放应轻松活泼，可以按照餐饮概念使用单椅和长条形沙发座。

④私人用餐区。在自助餐厅提供一个单独区域，在隔音和视线等方面同主要用餐区分开，供小型团体使用。具体要求是依据设施要求提供座位，通常是 12 ~30 个；可以将私人用餐座位与主用餐区座位结合起来，餐厅使用高峰时开放使用；入口要临近玄关，宾客不用穿越主要座位区就可以直接到达。

⑤自助服务。具体要求如下：为了方便宾客使用，避免排队，要将自助餐台分段设置；提供一个后勤通道，方便加菜；在自助或半自助服务区，为宾客提供食品服务；在自助餐台区域提供早餐，午餐与晚餐可以提供酒店餐厅厨房的点菜服务。

图 4 –5 为某酒店的自助餐台。

图 4 –5　某酒店的自助餐台

⑥全日餐厅服务。全日餐厅要为宾客提供早餐、午餐与晚餐等自助服务，要选用台面式餐台、岛式台面或独立式的柜子等；设计风格要考虑到固定食品服务设备和展示烹调站。

⑦展示烹调站。自助餐厅展示烹调站的主要作用是结合并支持自助餐台，

按照宾客要求现场制作食品或为自助餐台提供新鲜烹调的食品。

4.3.3 自助餐厅的氛围设计

要想营造好的就餐氛围，自助餐厅的设计就要注意下面几个要点。

要点一：自助餐厅的用材。

按照宾客的就餐心理，要谨慎使用容易让空间呈现出庄重、严肃氛围的装饰材料。从声学的角度上来说，太过光滑、反光的材料吸声系数都不太高，大量使用会造成声音污染，让餐厅声音嘈杂，影响宾客进餐心情，降低舒适感和亲和力；而过度使用吸声系数比较高的舒适温馨的材质，也会让进餐空间缺少活力，脱离自助餐的氛围体系。因此，酒店自助餐厅在追求大气的同时，也要在材料选用上大胆取舍、合理搭配。

要点二：自助餐厅的设施配置。

安全舒适是自助餐厅设施选择的第一要务，坚固耐用，易于维护、维修、更新是自助餐厅配备家具的基本要求。自助餐厅配备的设施有早午晚餐自助柜台、自动咖啡机、休息室中的饮料区、陈列柜和装饰性冰箱（嵌入式，带有玻璃门）、大屏幕电视机、报纸陈列架、舒适座椅、适当的照明设备等。家具的选用必须承袭空间的总体风格和色彩，细节和质感都需体现出星级酒店的格调。

要点三：明确自助餐厅的风格设计。

自助餐厅的风格设计主要有三种：第一，完全配合酒店主体设计风格，将酒店整体设计的风格、元素和细节贯彻到底；第二，将其设计成个性鲜明的主题餐厅，突出对比效果；第三，将前两者的元素结合在一起，同时搭配其他设计元素，体现出混搭或跨界效果，提高时代性。

自助餐厅的风格由很多细节组合而成，比如将某些家具或者艺术半隔断作为流线的分隔界面；利用地面、天花板、墙面、灯光等要素的不同色彩，营造出丰富的实体空间或虚拟空间，让整体空间变得更加人性化。

要点四：自助餐厅的灯光设计。

从设计心理学的角度来讲，明亮的场所让人亢奋，昏暗的场所让人心不在焉，而恰到好处的灯光环境则会让人感到松弛自在、食欲高涨。有助于营造高雅、舒适就餐氛围的灯光系统是决定自助餐厅氛围的重要环节，也是定位自助餐厅格调的有效方法。

五星级酒店的自助餐厅灯光系统设计，通常以大量的点式照明为主，辅以一定面积的漫反射光源。不同类型灯具的点缀能让天花板成为视觉重点之一，有助于提升空间格调：暖色调光源，光线柔和，层次丰富，可以渲染出温馨轻松的环境；点式光源最容易营造出戏剧化的空间效果，跟墙面、家具、艺术品搭配在一起，可以展现出浓厚的艺术气息，提高酒店自助餐厅的档次。

要点五：自助餐厅的色彩搭配。

设置自助餐厅色彩时，要从以下几个方面做起：可以延续酒店主色调，也可以确定一个主色调，大面积铺陈落实到墙面、地面、天花板上；配备家具、织物、艺术品、植物等时，不要使用大面积跳跃色彩，只要跟主色调产生一定的对比就能恰当地体现出色彩层次感，让空间色彩在整体统一中和谐变化；为了吸引宾客注意，在需要突出主体地位的子空间或虚拟空间可以适当采用较重或较跳跃的颜色。

需要注意的是，不仅空间中的隔断、墙面、地面、天花界面、家具、织物、植物、灯具艺术品是色彩载体，灯光本身也是一种重要的色彩载体。自助餐厅中的暖色光源一旦聚焦或漫射在各个载体上，就会在一定程度上改变载体呈现出的颜色，微妙的色温变化会影响自助餐厅的整体格调，一定要认真对待。

要点六：自助餐厅的艺术品陈设。

艺术品主要是为了营造空间的整体氛围，是整体空间的组成元素之一，最好不要太过跳跃，更不能夺人眼球。比如墙画、雕塑、工艺品的选用要跟餐厅的主题协调一致，也可以承载空间的故事性，但尽量不要选用过于先锋或具有讽刺意味的当代艺术品，否则会影响宾客的食欲。此外，还要注意协调好各材质比例关系和色彩关系。

4.4 宴会、会议厅的设计

宴会、会议厅的空间设置主要包括宴会前厅、宴会厅、会议室、董事会议室、后勤服务、公共支持空间等。为了降低对宾客的影响，要将功能区与客房、客房走道、公共区、主要入口及酒店大堂分离开来。如果功能空间和公共区域在不同楼层，还要提供特定的电梯或独立流线；提供单独的服务通道，让其与宴会厅直接相连，避免非功能空间使用此通道。

图 4 – 6 是某酒店宴会厅。

图 4 –6　某酒店宴会厅

对于宴会、会议厅的搭配比例，也有具体要求，宴会厅的宽长比例为 1∶1.8或 1∶2.2，前厅占据宴会厅总面积的 30%，储物间占 10%。宴会厅面积与吊顶之间的经验数值，如表 4 – 5 所示。活动隔断的最小高度为 4.5 米。

表 4 –5　　宴会厅面积与吊顶之间的经验数值

宴会厅面积	吊顶高度（米）
小于 500 平方米	5
500 ~ 800 平方米	6
大于 800 平方米	7

4.4.1　宴会厅

4.4.1.1　宴会前厅的设计

图 4 – 7 是某酒店宴会前厅。

宴会前厅的设计要点如下。

图4－7　某酒店宴会前厅

（1）规划要求。提供一处比较大的空间，供宾客集中、接待、登记、储存衣帽、休息；设置一个茶歇场所，配备耐热项（比如咖啡机等）、电源接口、内线电话、台下嵌入式冰箱；如果宾客有需要，还要为宾客提供固定或可移动饮料服务吧。

（2）位置。设置在酒店主要入口与大堂容易到达的地方；设置特定的入口并有单独流线通往室外。

（3）面积。通道宽度最小为4.6米；吊顶最低为3米，应尽力提高前厅净高。

（4）座位区。按照前厅空间的大小比例安排座椅和家具，不要在紧急通道放置障碍物；提供休闲座位区，为会议区宾客提供一个放松心情与对话的场所。

4.4.1.2　宴会厅的设计

宴会厅的设计要点如下。

（1）规划要求。宴会厅可以分割成2间或3间小型宴会厅；功能面积为1.5平方米/人，五星级酒店要设置一间至少容纳500人的宴会厅，面积在750平方米以上；所有的家私都能移动，不固定；如果设有“服务员站点”，要配备电话和计算机工作站，每30个餐厅座位需要1个“服务员站点”。

（2）内部结构。宴会厅空间为长方形，包括分隔间、活动隔断、袋形门、主入口、服务入口等。其具体设计要求如表4－6所示。

表 4 –6　　宴会厅内部结构设计要求

	设计要求
分隔间	典型的分隔间至少能容纳 6 张 10 人的圆桌、椅和服务通道；每个分隔间提供两个出口，不能穿越到其他分隔间；形状为长方形，宽长比例为 1∶1.8～1∶2.2。同时，各分隔间最低提供一对宽 1 米的门，门最低为 3 米，开口角度为 180 度，开启时与墙平行；完成面与室内设计主题保持一致；门框选用空心钢框，厚度最小为 1.52 毫米，整体焊接，两侧使用精细的木线脚
服务过厅	墙的装饰面要伸展到过厅空间；过厅的灯光不能渗透到宴会厅内部；调光器和音响控制面板要安装在宴会厅的门边
服务通道	服务通道要跟宴会厅后侧的过厅连接在一起；活动隔断储藏间的墙和过厅的墙体间距应控制在 3 米以内，面积较大的宴会厅则要更宽一些
展示设备悬吊点	应依据荷载要求与安全系数设计悬吊点；具体的点数与位置要依据设施面积与形状来确定；悬吊点至少能悬吊 226 千克的重物，间距不能超过 4.6 米；如果设置主席桌或舞台，悬吊点距离主席桌或舞台后墙约 0.91 米；协调好灯具的位置
灯光	为了满足聚会、会议与发表会等需要，要提供智能化的灯光；应结合灯槽、嵌入式筒灯、装饰性水晶吊灯，与壁灯统一设置灯光；由调光器统一控制灯光
活动隔断	活动隔断的四周要隔音密封，吊顶上方到结构楼板更要设置隔音墙并严格封闭；细部设计要与固定墙体的设计、完成面互补并成为一体，用手工操作方式将其组装在一起；滑轨要使用铝合金，如果活动隔断的高度与重量超过了铝合金滑轨荷载，可以使用铜滑轨；在活动隔断和门的上下两侧要安装机械操作的密封条
储藏空间	在宴会厅周边设置嵌入式活动隔断储藏空间；为了防止声音从空心墙体传出，储藏空间后墙的活动隔断要设置连续的实心密封垫

（3）氛围营造。大宴会厅要努力营造一种隆重气氛，为了做到这一点，要使用大型水晶吊灯，营造一种富丽堂皇的感觉；为了增加剧场效果，可以用放大的欧式线条来收边。雅座包间要使用不同的设计概念或用不同的主题风格，例如包间为中式风格，整个房间可以围绕主题墙展开设计，之后再配上中式家具，设置一个富于变化的“中式玄关”，做一个镂空木格，起到自然过渡效果。

4.4.2 会议室

4.4.2.1 会议室的设计

酒店会议室的设计要点如下。

（1）会议室的数量和大小要根据酒店要求来确定。

（2）会议室的最小面积为60平方米，吊顶净高为3米；房间形状可以不同，但宽度不能小于5.5米；会议室数量不少于三个，要提供一定面积的茶歇空间。

（3）提供电话，最少提供两个信息点接口和电插座；要设置投影幕、书写板、音响或视频接入设备；在入口门旁设置一个调光器面板来控制灯光。图4-8是某酒店的会议室。

图4-8 某酒店的会议室

4.4.2.2 董事会议室的设计

高星级酒店应提供一间设备高档的董事会议室，设计要点如下。

（1）面积。由酒店决定，典型的董事会议室在60平方米以上。

（2）座位。座位安排要符合下列要求：提供一个固定式高档会议桌，供10～20人使用；准备带轮子的椅子，椅子大多为装有可调节高度和倾斜度设备的人体工学椅或装套座椅。

（3）通信。提供音响、视频接入等设备，如电视、DVD（数字通用光盘）播放机、VCR（盒式磁带录像机）；在长条桌台面附近提供至少两个信息点接口和电插座，供宾客使用；会议桌中央至少提供一个信息或语音接口与插座，一个会议桌带有凹陷的嵌入式电源接口和数据连线；提供方便使用的电话亭，内设座椅、工作台和电话，也可以跟会议室、行政酒廊或商务中心等共用。高星级酒店不仅要带有视频会议系统、嵌入式白色书写板、活动挂图和插接板的壁橱，还要配备用于悬挂投影板和活动挂图、白板、文件等的轨道系统。

（4）灯光。董事会议室的灯光需符合以下要求：与吊顶结合起来设置灯槽，采用隐藏式灯光；为了凸显会议桌与长条桌，要使用嵌入式白炽灯和隐藏式灯具；如果在会议桌上方设计吊灯，就要在会议桌中央协调好吊顶高度、灯具大小与吊顶细部，不要对视线造成干扰；设置容易被宾客使用的调光器；入口附近安装能够控制灯光、温度、视听器材、机动屏幕和窗帘等的总房间控制面板。

4.4.3 公共空间

酒店设计宴会、会议厅时，公共空间的设计要点如下。

要点一：电梯厅的设计。

电梯厅是过厅的一处延伸，是参加宴会的宾客停歇的一个重要地点。电梯厅的设置要以艺术设计手法为主，要让与会的宾客感到舒服与轻松。为了突出宴会厅的独特风格，可以做一面背景墙，搭配上工艺品，甚至摆放一些文物或古董，起到画龙点睛的作用。

要点二：门厅和过厅的设计。

门厅和过厅是人流活动极频繁的区域，其设计要点如下。

（1）门厅。在设计上要采用大尺度、古典加现代的处理手法。不管是古典主义的表现方式，还是现代派的设计意境，门厅设计都要让门厅显得高大、壮观、豪华和富丽。

（2）过厅。可以使用各种灯光让过厅具有空间转承的明度；同时，要在色彩和形态上更柔和一些。

要点三：舞厅的设计。

舞厅是酒店宴会厅公共活动极热烈、极欢快的空间，其设计要点为：要想体现出流动变化，就要使用艳丽的色彩，充分利用各种灯光来渲染和烘托气氛；如果空间高大宽敞，还可以设置一个人造瀑布。

要点四：公共卫生间的设计。

设计公共卫生间时，为了突出显示，要巧妙使用黄色。比如天花灯槽采用黄色的暖光源，可以给人以温暖热烈的感觉；地面采用深褐色的石材地面，配上现代的黄色人造石地面，色彩变化会越发强烈。

4.4.4 宴会、会议厅的家具和设备

要点一：家具和固定物的设计。

宴会、会议厅家具和固定物的设计要求如下。

（1）隔音。宴会、会议厅隔音值不能低于55分贝，活动墙与天花板间的隔音值为50分贝。

（2）装修。宴会、会议厅的装修需符合下列要求：除舞池外，会议厅要铺设48盎司/平方码（英美制计量单位，1平方码＝0.8361平方米，1盎司＝28.3495克）的商用地毯，配备36盎司/平方码的底垫；采用木制或塑料制10.16厘米踢脚线；封面用石膏或石灰打底，覆盖上135厘米宽的商用塑胶墙纸面；活动隔板表面使用135厘米宽的商用塑胶墙纸面；窗户不仅要具有装饰性，还要能遮光；天花板要采用具有装饰性的石膏吸音板，上面涂上油漆；如果会议厅内设有舞台，必须为特殊人群提供升降装置或斜坡。

（3）照明。宴会、会议厅照明要具备可调整性，各分隔间分别安装两个系统；内嵌型白炽灯的桌面照明度为269勒克斯，由调光开关控制；照明灯具要保持干净，功能良好，不要使用日光灯管；每隔8米搭配两个220伏的两位插座，同时还要提供一个30安的插座。

（4）换气。宴会、会议厅要提供良好的排气、换气系统：中央空调系统要具有分区控温的功能；中央空调系统必须是低噪声、无灰尘的，各隔区或

会议室内必须安装单独控制的中央空调系统。

（5）其他。宴会、会议厅内必须至少设置一个外线电话接口，可以设立一个专用影音室、一个灯光控制室。

要点二：宴会、会议厅设备和用品的设计。

宴会、会议厅设备和用品的设计细节如表 4－7 所示。

表 4－7　宴会、会议厅设备和用品的设计细节

	设计细节
讲台	讲台印有酒店标志、高度可调节，配备文件架、水笔、延长接线板；配有麦克风和扬声器、录音机、CD（激光唱片）播放器，必要的灯光和音响、录像机和图文电视机等
台下	为与会者提供烟灰缸及火柴、冰水壶及水杯、笔记本和铅笔、桌布等。同时，配备具有多种功能和布局的会议桌，用于悬挂嵌入墙壁的投影板和活动挂图、白板、文件等轨道系统

要点三：使用装修材料的注意事项。

在设计宴会或会议厅时，使用装修材料的注意事项如下。

（1）地毯。地毯的底衬为 850 克/平方米，不容易燃烧；大型地毯最少重 1850 克/平方米，可以拉伸，不易燃烧。

（2）墙面。关于墙面和天花板的设计，要按照声学顾问的建议进行隔音处理；按照室内设计师的建议进行抛光；按照光学顾问的建议设计灯光。通常情况下，照明底层可变亮度为 300 勒克斯或 500 勒克斯。

（3）装饰。所有的装饰材料都要防火，符合国际及当地认可的防火规定；装饰织物在使用前必须拿到产品说明及阻燃证明，设计带有机动轨道的装饰性窗帘和遮光窗帘。

（4）断墙。为了提高使用率，要设计一个可移动式隔断墙。隔断墙要完全与天花板隔绝；为检修口提供隐藏式存放空间；使用轻质导轨，转角处采用弧形导轨；使用带有机动轨道的装饰性窗帘和遮光窗帘；所有构造永久防火，不易燃，还要防止留下划痕。

4.5 厨房区域的设计细节

酒店厨房区域的设计应聘请专业的厨房设计顾问进行，图纸设计好后，要拿到当地食品卫生防疫部门进行审图。

图 4 –9 是某酒店的主厨房。

图 4 –9　某酒店的主厨房

通常，在设计厨房区域时，优秀的设计顾问都会把握下面几个细节。

细节一：厨房灶具区的设计。

厨房设备中的各种灶具，如烤炉、烤箱、蒸柜、比萨炉、炸炉等都会产生较多油烟，一定要设置有效的排风装置。

为了保证在一定的罩面控制风速下油烟被吸入排走，要以罩面控制风速和罩面面积的乘积作为排风量的计算依据，罩面风速不要过大，宜低于 1 米/秒，否则不仅会加大排风管道、排风机、油烟处理设备的负重，还会增加能耗、厨房内负压、投资等。可是，罩面风速过小也会让油烟弥漫在厨房内，甚至影响整个餐厅区。目前，为了提升厨房抽油烟效果，各酒店都会采取两种方法。

（1）在排风机前设置一个静电除油烟雾装置，利用静电原理，让油烟雾带电；一旦油烟雾聚集到电极上，只要定期除去即可。使用这种方法，除油烟雾效率可以超过 95%。

（2）改变厨房设备排风罩的运水烟罩，用水泵开启水循环；利用烟罩处的水喷淋，跟油烟雾进行对流交换，让油烟雾混合在水中；之后，油烟就会浮在水面上，除去即可。当然，为了减少水喷头的堵塞状况，可以在水中添加一种乳化药剂，提高清污效果。

细节二：厨房加工区的设计。

酒店厨房加工区通常分成厨房及粗加工区、烹饪区、点心房、烧烤熟食区、冷菜间、洗碗区。使用的器具应是国际或国内的著名品牌，质量可靠，维修服务良好；主设备要由高质量的不锈钢板制作，面板厚度不能低于1.5毫米。

图4－10是某酒店厨房加工区组图。

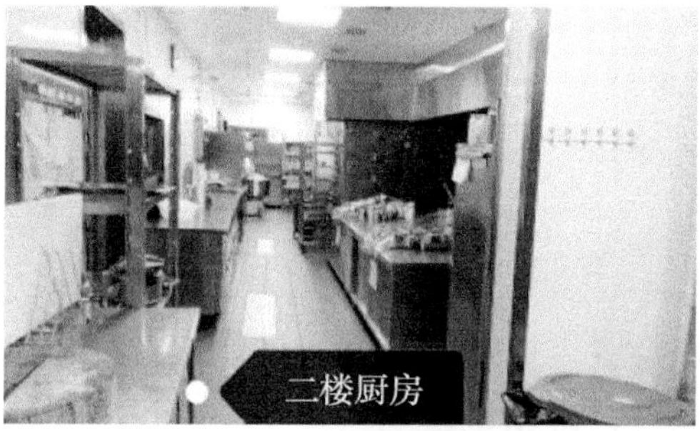

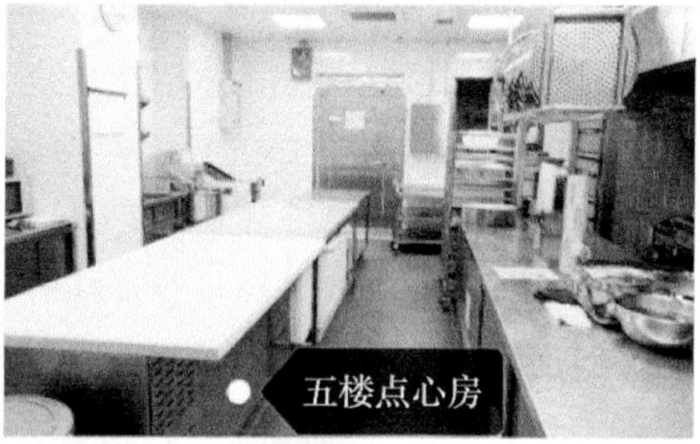

图4－10　某酒店厨房加工区组图

细节三：厨房冷库区的设计。

关于厨房冷库区的设计，具体要求如下。

（1）合理设置食物冷柜和冷库，将冷库分成低温冷冻库和高温冷藏库。其中，低温冷冻库要按照肉类、鱼类、禽类等分别设置，高温冷藏库主要用来储藏水果、蔬菜、酒类及其他食品等。

（2）冷库要按照当地的供电条件设计配置应急电源，要充分考虑停电可能性，合理设置备用柴油发电机的容量。

（3）冷库压缩机一般都设在冷库顶部，要充分考虑通风散热条件；内部地面要做成防滑面，不能将食物直接放在地面上。同时，为了满足卫生防疫和库内冷空气对流的要求，内部不仅要设置货物层架，还要设置地面搁架。

细节四：厨房排水和给水的设计。

厨房废水一定要有组织地排入地沟，经过油水分离装置处理后排入城市下水管网。油水分离装置一定要经常清洗，一周最少清洗 2 次；为了提高分离效率，油水分离装置的处理容量要满足产生的废水量要求，保证厨房废水在油水分离装置内有一定的停留时间。同时，厨房的排水管道最好不要采用塑料管材。

厨房的给水要根据具体情况来定，最好采用集中过滤消毒处理后的给水。如果条件不允许，则要在下述食品加工部位增加给水过滤装置：制冰机、冷菜间、咖啡机和刀具洗涤槽。

细节五：厨房的排风设计。

厨房内要设置空调送风系统，最好设置百分之百全新的空调系统。如果条件不允许或室外新风温度较适宜，也可以采用全新的送风系统，促使室外新风直接送到厨房区域。

为了便于宾客和厨师交流、提高烹饪的艺术性，有些酒店会在餐区设置一个半开放式厨房。在此区域也要设有排风装置，以免油烟进入用餐区。

细节六：厨房的灭火设备设计。

为了做好防火，厨房区域内要设置自动喷水灭火和烟雾探测装置，一旦自动灭火系统启动，与烹饪和通风设施相连的电力燃料供应就会自动切断；同时，还应在排油烟管道内设置一套火焰自动阻隔系统。

细节七：厨房的清洁卫生设计。

为了严格卫生防疫管理，酒店厨房要设置专门的拖把、水桶、水斗和清洁剂等存放区，配备员工专属的洗手槽、废物桶等，不能与食品加工区的设施混在一起使用。

厨房垃圾可以跟其他垃圾一同进入酒店统一设置的垃圾房进行处理。垃圾房内要设置专门的不锈钢垃圾分拣台、不同用途的垃圾筒、高压冲洗水龙头和水斗等，对各种垃圾进行分类处理；对垃圾的处置应严格按照当地的环境卫生管理部门的要求；厨房的湿垃圾要外送到专门的处理机构。如果条件允许，可以在垃圾房内设置冷空调、排风装置以及专门的湿垃圾冷藏库。为了方便垃圾外运，垃圾房要临近酒店的卸货平台。

细节八：厨房的监控设计。

为了增加宾客体验度，要在厨房安装监控摄像头，在前台接待宾客区域设置显示屏，让宾客随时看到整个厨房及整道菜的操作过程。

细节九：卸货平台和垂直运输的设计。

酒店厨房要有专用的卸货平台，其位置可以在地面层或地下一层，并配备必要的称重、粗加工设备和冷库。厨房的垂直运输要严格遵循“生熟分开”原则，设置专用的厨房货梯和食物吊梯，不仅要满足劳动安全保障部门的要求，还要达到卫生防疫部门的要求。

厨房和后勤常用参数如表 4 – 8 所示。

表 4 – 8　　厨房和后勤常用参数

类　别	参　数
总厨加工厨房	餐厅每座 1.2 平方米 + 多功能厅每座 0.25 平方米
行政总厨办公室	至少 12 平方米（在总厨房内）
房间服务办公室	至少 20 平方米
小厨房	占服务区面积的 30%
宴会厨房	占多功能厅面积的 20%
宴会服务吧	至少 20 平方米
饮料存储室	至少 30 平方米
食物存储间	至少 30 平方米
员工卫生间	各厨房男女各一间
管事处经理办公室	至少 8 平方米

4.6 菜单的设计细则

菜单不仅决定着酒店餐饮服务设施和食品原料品种、数量的采购，还决定着菜肴烹制技艺和餐厅服务特色。这是酒店餐饮经营活动的重要依据。同样，菜单还是酒店餐饮服务极重要的推销媒介，不仅代表着餐厅的质量水准和经营特色，还紧密联系着宾客需求，是酒店餐厅员工推销菜品的重要依据。

菜单对于餐厅的经营管理来说意义非常，因此要特别重视菜单的作用。在设计和制作菜单时，绝不能马虎了事，要通过精心设计，制作出精美、科学、合理的菜单。

4.6.1 菜单的种类

对于酒店餐厅来说，根据不同的分类标准，可以使用的菜单主要有以下几种。

标准一：根据餐饮形式和内容划分。

根据餐饮形式和内容对菜单进行分类，酒店餐厅使用的菜单主要有早餐菜单、午餐菜单、晚餐菜单、宴会菜单、团体菜单、冷餐酒会菜单、自助餐菜单、特殊菜单等。这些菜单用途专一，各具功能，不能相互代替使用。

当然，将各种菜单都罗列出来并不意味着这些菜单都必须使用。是否要使用多种菜单主要取决于酒店是否有多种餐饮服务设施和项目。酒店餐饮服务设施越齐全，服务项目越丰富，越需要使用多种菜单。

标准二：根据市场特点划分。

根据酒店市场特点、宾客特点，菜单可以分为固定菜单、循环菜单、当日菜单和限定菜单等，这里主要介绍前两种菜单形式。

（1）固定菜单。固定菜单也称标准菜单，菜式内容标准化，调整幅度较小，适合用餐人数较多且流动性大的酒店。这种菜单相对稳定，至少在数月之内保持不变。因此，固定菜单的设计和装帧都需要仔细、审慎准备。

（2）循环菜单。所谓循环菜单指的是按照一定周期循环使用的菜单。酒店餐厅使用循环菜单时必须按照预定的周期天数制作出一套菜单，也就是说，周期有多少天，就要设置多少份不同的菜单，保证每天使用一份。使用一个周期后，再从头开始使用这套菜单。循环菜单周期的长短要根据市场特点来确定。如果宾客更换不频繁或比较固定，循环菜单的周期可以适当延长。当然，也不能超过 40 天，更不能让相同菜式频繁出现。

标准三：根据菜单价格形式划分。

根据不同的菜单价格形式，可以将菜单分成单点菜单、套菜菜单和混合式菜单，如表 4 –9 所示。

表 4-9　　根据菜单价格形式划分的菜单种类

菜单种类	说　明
单点菜单	单点菜单最常见，使用最广泛，它最大的特点是每道菜式都注明了价格。单点菜单适用于早餐、午餐、晚餐菜单，也可以是特殊菜单、客房餐饮菜单等。单点菜单价格层级比较多，能满足不同宾客的要求。而且，各菜式分别标价，宾客只选择自己喜欢的菜肴即可，不用一次购买几道菜肴
套菜菜单	套菜菜单所列的是整套餐饮，如果是西餐，包括开胃菜、汤、沙拉、主菜、甜点、饮料等一组菜肴；如果是中餐，包括冷盘、热荤、素菜、汤、面食、米饭、点心、饮料等一组菜肴
混合式菜单	这种菜单综合了单点菜单与套菜菜单的结合，缺点是菜单过大、使用不方便。就西餐来说，有些酒店餐饮区的混合式菜单以套菜形式为主，同时宾客也可以再随意点主菜，以单点形式单独付款

4.6.2　菜单设计原则

菜单设计的总体指导思想是：接地气，吸人气，聚财气。其设计和制作要遵循 10 个原则，如图 4-11 所示。

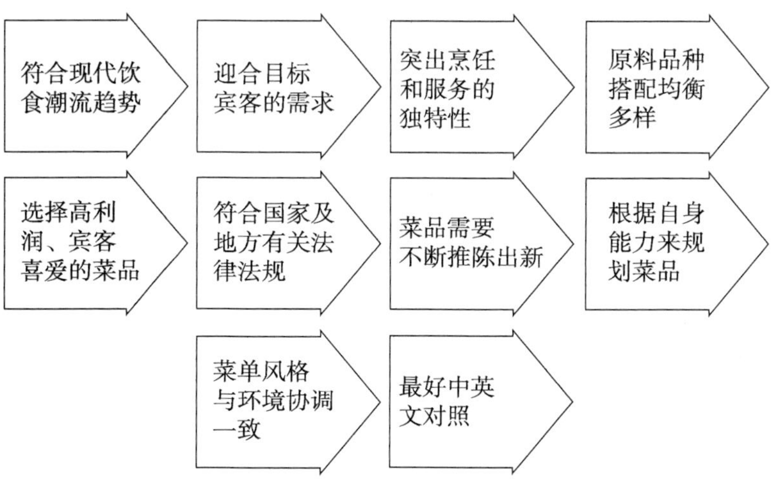

图 4-11　菜单设计的原则

原则一：符合现代饮食潮流趋势。

好的菜单一般都建立在对现代饮食潮流趋势的市场调研和分析基础上，能够准确反映出先进的饮食理念。因此，符合现代餐饮潮流趋势是酒店餐厅设计菜单的先决条件。

原则二：迎合目标宾客的需求。

菜单是酒店餐饮区生产销售活动的依据和起点，其设计必须以目标客源的需求为基础。只有详细深入了解目标宾客的特点和需求，才能选出主要的目标客源；才能在菜单的制作过程中，根据消费群体的饮食需要，就菜色品种、营养成分、烹制方法、菜品价格和规格水平进行设计和组合，提高目标宾客的满意度。

原则三：突出烹饪和服务的独特性。

菜单的设计不仅反映了酒店餐饮区员工在烹调和服务方面的业务水平和实力，还应突出菜品烹制的独特性和新颖性。为了突出烹饪和服务的独特性，要采用差别化产品策略，研究市场空隙，与竞争者错位发展，尽可能设计出竞争对手短期内无法模仿的菜品和饮食模式。

原则四：原料品种搭配均衡多样。

一般来说，宾客都喜欢荤素搭配，营养、口味互补的菜品，在设计菜单时一定要保持菜品品种搭配均衡。为了满足宾客追求新奇的心理体验需求，要将口味、形状、色彩不同的菜品原料组合起来，同时搭配不同的烹制手法或服务方式，满足消费者的不同需求。

原则五：选择高利润、宾客喜爱的菜品。

酒店餐饮区的最终目标是赢利，因此菜单的设计也必须以帮助酒店获取利润为出发点。在菜单的设计过程中，要考虑各式菜品的原料成本、销售价格和毛利率，选择既畅销又能为餐饮区带来高利润的菜品。之后，适当辅以不畅销但利润高的菜品。所有的这些，都要在菜单中显示出来。

原则六：符合国家及地方有关法律法规。

酒店餐饮区菜单的设计要符合国家及地方有关法律法规，坚持健康科学的理念，不能为了追求暴利而迎合部分消费者的病态需求，比如不能为了满足个别消费者的猎奇心理，以野生的国家保护动物为原料。

原则七：菜品需要不断推陈出新。

社会不停发展，宾客口味不断改变，甚至更加挑剔，只有富于创意的菜单才能吸引宾客的注意力。当然，最好一个季度或半年更换一次菜单，菜单长期不换就会缺乏吸引力，从而导致宾客流失。

菜单总是不换会影响菜肴正常供应。如果原料受到季节影响，出现菜单上有菜却无货供应的局面，也会影响餐厅的信誉。此外，长期不更换菜单还不利于厨师烹调技艺提高。当然，变更菜单不仅要考虑季节因素，还要注意宾客饮食习惯的变化，比如在营养、健康等方面的饮食要求。

原则八：根据自身能力来规划菜品。

只有根据酒店自身能力来规划菜品，才能确保其发挥最佳效用。因此，设计菜单时不仅要对餐厅的生产能力做到胸中有数，还要具备过硬的生产服务技艺，保证所选择的菜品，其质量可以达到预期效果。

在规划菜品时，不仅要充分考虑厨房工作人员的技术水平，还要配备多种菜品的专用设备；不仅要考虑各菜式比例是不是方便厨房的设施设备摆放和人员分工，还要考虑菜式食品原料的供应状况、分析菜式的季节性特征，之后按照市场供求关系、运输与储藏条件等选择合适的菜式；不仅要考虑菜单和酒水是否丰富多彩，跟酒店餐厅的经营特色是否相符合，还要考虑同一或者相近菜式的价格、服务方式等。

原则九：菜单风格与环境协调一致。

菜单不仅是酒店餐厅的宣传工具，也是一种艺术品，因此菜单的样式、大小、颜色、字体、纸质、版面等都要跟餐厅等级、气氛协调一致，要跟餐厅的陈设、布置、餐具、服务人员的服装等协调一致。大众化的餐厅尽管无须使用装饰精美的菜单，可是美观大方的菜单依然有助于提高菜品的销量。

原则十：最好中英文对照。

菜单的装帧、文字、编排等因素都要有益于菜式与酒水销售，并成为酒店与餐厅的宣传媒介。高星级酒店要根据客源结构设计出符合酒店客源结构市场的菜单，比如以日本市场为主的菜单上要有中、英、日三国文字，并且菜单中要有日式菜肴。

在设计菜单时，只有综合考虑上面几项原则，才能制作出比较科学合理的菜单。而且，餐厅还要对新制作的菜单进行测试，经过分析完善之后，再正式投入使用。

4.6.3 菜单设计技巧

酒店餐厅在具体设计和制作菜单时，要注意下面几个要点。

要点一：菜单的制作材料。

菜单的制作材料好，不仅能很好地反映出菜单的外观质量，也可以为宾客留下较好的第一印象。因此，一定要注意菜单制作材料的选用。

为菜单选材时，既要考虑到酒店餐厅的类型和规格，也要顾及制作成本，合理选择制作材料。一般来说，长期重复使用的菜单要选用经久耐磨、不易沾染油污的重磅涂膜纸张；分页菜单一般都由厚实耐磨的封面加上纸质稍逊的活页内芯组成；一次性使用的菜单虽然不用考虑其耐磨、耐污性能，但也不能粗制滥造；高规格的宴会菜单要选材精良、设计优美。

要点二：菜单封面与封底设计。

封面与封底是菜单的门面，代表着酒店餐厅的形象，其设计方式会直接影响菜单的整体效果，因此设计时要注意以下四项要求：一定要反映出餐厅的经营特色、风格和等级；封面颜色要跟餐厅的内部环境颜色协调一致；要将餐厅名称设计在菜单封面上，要有特色，笔画简单，容易读，容易记；封底要明确餐厅地址、电话号码、营业时间和其他营业信息等。

要点三：菜单的文字设计。

菜单是酒店餐厅和宾客沟通交流的桥梁，信息的传递方式主要是依靠文字，因此文字的设计非常重要。菜单文字部分的设计主要包括食品名称、原料、主料、辅料等描述性介绍以及优质服务、高超烹调技术等宣传。质量上乘的菜单不仅含有雅致贴切的菜式名称，还有菜式的描述性说明。除特殊情况外，不要使用外文。即使使用外文，也要根据标准词典的拼写法规范统一。当然，为了区别菜单标题和菜肴说明，还可以使用不同的字体字号。

要点四：菜单的插图与色彩运用。

为了增强菜单的艺术性和吸引力，封面和内页可以配备一些插图。常见的插图有菜品的图案，中国名胜古迹、餐厅外貌、本店名菜的图片，重要人物在餐厅就餐的图片，此外，还可以穿插几何图案、抽象图案等。

色彩的运用也是重中之重。色彩可以对人的心理产生不同的影响，可以体现出不同的暗示；赏心悦目的色彩可以让菜单显得有吸引力，可以更好地介绍重点菜肴，能够反映出餐厅的风格和情调。所以，选择菜单色彩时一定要注意酒店餐厅性质和宾客类型。

要点五：菜单的规格和篇幅。

菜单的规格要与餐饮内容、餐厅类型、餐桌大小、座位空间等因素协调一致，让宾客拿起来舒适，阅读时方便。调查表明，最理想的开本为23厘米×30厘米。确定了菜单的基本结构和内容、将菜品清单列出后，要选择几种尺寸比较合适的开本，篇幅上要保持一定空白，文字占据总篇幅的面积不要超过50%。

要点六：菜单的照片。

为了增强菜单的营销功能，还可以将特色菜肴的实物照片印在菜单上，为菜单增加色彩，提高其美观度，加快宾客点菜速度。使用照片或者图片时，为了实现预期效果，一定要注意照片或者图片的拍摄和印刷质量；同时，要将照片对号入座，将彩色照片、菜品名、价格和文字介绍列在一起。最简单的方法是用黑色线条将其框起来或用小块彩色装饰进行突显。

4.6.4 影响菜单设计的因素

影响菜单设计的因素主要有四个，如图4－12所示。

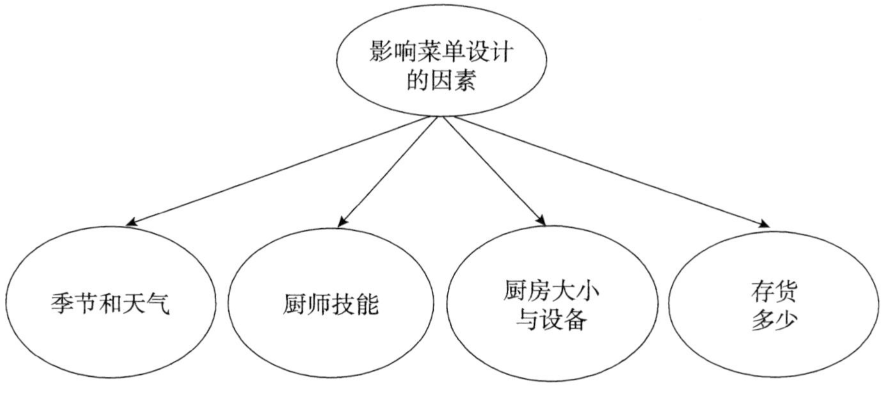

图4－12 影响菜单设计的因素

因素一：季节和天气。

由于季节或天气等原因，有些菜品人们喜爱在天热时吃，天冷时吃则不习惯，反之亦然。在设计菜单时，要考虑到食品的时令。时令菜供应充足、质量好、价格合理，应呈现在菜单上。同时，还要考虑到一年中某一节日或某一段时间的特别菜肴，例如端午节的粽子、中秋节的月饼、元宵节的元宵等。通常，设计大菜牌时不要将时令菜放在大菜牌上，要通过小菜牌、厨师特选的形式将其推送出来。

因素二：厨师技能。

许多厨师虽然受过相关的专业培训，能烹调出多种菜肴，但如果让他们烹调较高级的外国菜，他们就会有些为难。因此一方面要注意厨师的技能培训，这也是提高厨师专业技能的重要方法；另一方面要给受过良好培训、烹饪技能较高的厨师提供表现自己的机会。因此，设计菜单要考虑到厨师的技能。如果某些菜品厨师做不出来，就不要在菜单中显示。

因素三：厨房大小与设备。

设计菜单时要考虑到厨房大小与设备，如火炉、蒸汽炉、燃气炉等是否适用。如果厨房设备短缺，即使是好厨师也无法做出所需的菜肴。设计菜单时，忽视了烹调设备的承受能力，会让某些设备如蒸锅、煎锅、炸锅等超负荷使用。

因素四：存货多少。

在设计菜单时，要考虑到食品的时令。应时的食品通常都很充足、质量高，在订购食品前，要先查看一下仓库是否有大量存货，以免浪费。

4.6.5 菜单设计常见问题

虽然大部分酒店餐厅管理者都会花费很多心思和精力设计菜单，但还是有许多菜单不尽如人意，给酒店餐厅经营造成很大的负面影响。其常见问题主要有四个，如图 4 – 13 所示。

问题一：制作材料选择不当。

有的酒店为了节约成本，用文件夹、讲义夹、影集本等充当菜单，不会专门设计菜单。这类菜单不仅达不到点缀餐厅环境、烘托餐厅气氛的作用，反而会与餐厅风格格格不入。

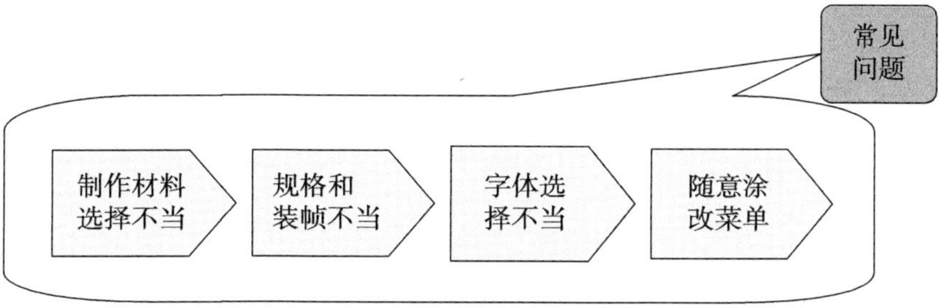

图 4－13　菜单设计常见问题

问题二：规格和装帧不当。

菜单的规格和装帧不当主要表现为：有的菜单用 A4 纸张制作，菜单太小，会让菜肴名称等内容排列得过于紧密，主次难分；有的菜单虽然只有练习本大小，但页数竟然有几十张，不亚于一本杂志；有的菜单纸张单薄，印刷质量差，无插图，无色彩，保管使用不善，显得非常简陋……这些菜单都会影响宾客的阅读效果，继而直接影响到就餐心情。

问题三：字体选择不当。

菜单的字体选择不当主要表现为：很多菜单是打字油印本，即便是铅印本，也都使用 1 号铅字。如果餐厅光线不好，阅读 3 毫米大小的铅字菜单，感受如何？况且，油印本的字迹还容易被擦拭得模糊不清。很多菜单没有通过变换字体字号等手法来突出、宣传重要菜肴。

问题四：随意涂改菜单。

随意涂改菜单是菜单设计当中极常见的问题之一。涂改的方法主要有用钢笔、圆珠笔直接涂改菜品、价格和其他信息；用电脑打印纸、胶布遮住。菜单上被涂改最多的部分是价格。所有这一切都会让菜单看起来不严肃、不雅观，容易引起宾客极大反感。

当然，除了上面的问题外，有些酒店餐厅还会出现文字介绍过于简单、菜单和菜品不符、人为省略或粗心遗漏某些信息等问题。这些问题都会给酒店餐厅经营带来影响，一定要查漏补缺，将菜单设计得尽善尽美。

4.7　餐饮区的电路系统

酒店餐饮区的电路系统主要包括三大部分，如图 4－14 所示。

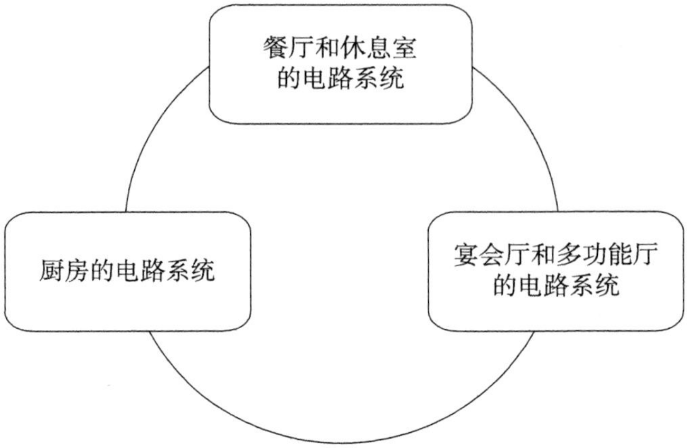

图 4－14　餐饮区的电路系统

系统一：餐厅和休息室的电路系统。

酒店餐厅和休息室的电路系统基本要求为：配备地面和墙面导线管，安装足够的围裙板及落地式电源插座；设置一般性照明设备及装饰性照明设备，合理配置照明设备。

系统二：宴会厅和多功能厅的电路系统。

宴会厅和多功能厅的电路系统设计要点如表 4－10 所示。

表 4－10　宴会厅和多功能厅的电路系统设计要点

	设计要点
电源插座	在宴会厅和多功能厅要安装足够的墙面及地面电源插座，规格为 230V/10A；每个出口最少安装一个多头插座，规格为 400V/16A 或 400V/35A 的高压三相电源插座
触摸屏	下列设备必须能通过固定触摸屏或无线触摸屏进行控制：一般性照明设备和装饰性照明设备、扬声器和背景音乐播放器、特殊照明设备、视频播放设备和显示器、电动屏幕、电动窗帘、温度控制装置、服务呼叫装置
低压电路	通信线路使用 RJ45 电源插座：用普通的电缆线路连接地面或墙面通信设备，用围裙板、地面或墙面数据端口连接通信设备，如手机、传真机、调制解调器等。音频/视频线路及系统：用 A/V 线路连接中央控制的音频和视频系统，保证声音和图像在各不同区域都能听到或看到；扩音器必须达到最佳声音效果，提高紧急广播的效果；配备无线麦克风天线

系统三：厨房的电路系统。

关于厨房的电路系统设计，主要内容如下。

（1）电源插座。根据厨房设计顾问的建议进行安装。

（2）照明。使用嵌入式不反光暖白荧光照明设备，同时设置灯罩保护装置；工作站内的灯光亮度最高为400勒克斯；要保证照明良好，为了防止灯具爆裂时玻璃片进入食物，照明灯具要设有透明底板；在潮湿区及烹调区要安装防汽蚀装置；紧急出口处要安装灯光疏散指示标志。

（3）低压电路。各区域内都要安装服务呼叫电话，在酒柜处安装防盗报警系统、冷藏箱报警系统；各区域分别配备一台电子收款机、打印机；各独立厨房都要设置独立的厨房打印机管理系统信息点。

5 酒店康乐区设计应注意的细节

如何让宾客在商务活动中挤出健身时间，利用酒店设施展开健身计划？对设计酒店康乐区的人来说，这是一个值得研究的问题。为了满足宾客的需要，酒店康乐中心的设计要将重点放在健身中心、康乐中心、儿童俱乐部上。

5.1 健身中心的总体规划

健身中心是健身爱好者的最爱。如今，人们花在健身上的费用和时间越来越多，入住酒店自然希望能像在家里一样健身锻炼。因此，设计一个合理的健身中心，宾客会对酒店多一些信任。当然，健身中心的设计不仅要突出卖点，还要安放好各种设施。因为只有满足了不同宾客的需求，才能让酒店健身中心效益最大化。

5.1.1 健身中心的规划要求

对于酒店来说，健身中心的主要作用是为宾客提供一系列健身与休闲体验，为宾客提供先进的健身、娱乐设施设备。图 5－1 是某酒店健身中心平面图。

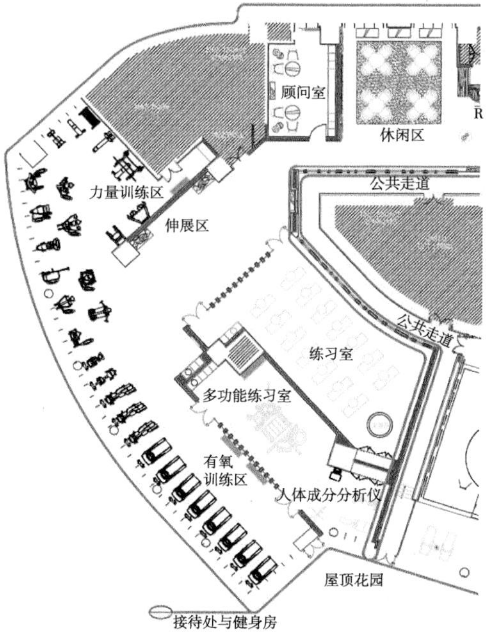

图 5－1　某酒店健身中心平面图

酒店在进行健身中心设计时，平面布局、设备设施的摆放等都要经过专业顾问公司的审核；同时，布局要合理，通风和照明要良好，且健身中心应与客房区域相隔离，自然采光要充足。具体要求如下。

要求一：考虑多种影响因素。

健身中心的设施区域由设施规划表决定，但要注意下列因素对健身设施规划造成的影响：酒店的规模、可用的建筑面积、与邻近 SPA 设施的关系、与泳池及户外活动的关系、竞争对象的可用设施、能够吸引社区会员数、是否符合设计标准等。

要求二：做好位置规划。

下列按照优先顺序列出的准则，会对健身中心设施的设立有所指导：宾客可以方便地搭乘电梯直接到达，不能从公共区域到达健身中心，比如大堂、宴会/会议前厅或餐饮区的前厅等；跟其他休闲娱乐设施（如游泳池）、休闲区域紧邻；如果采用会员制，要提供一个室外直接入口；为了不对功能区或其他休闲活动区造成干扰，不要将健身中心安排在客房附近。

要求三：遵守规划的通则。

设计健身中心时，必须满足下列要求，如表 5－1 所示。

表 5－1　　健身中心的设计要求

	设计要求
运动设备摆放	为了减少湿气、结露、氯化物与湿的泳衣对设备造成的腐蚀，不要将运动设备安排在紧邻或室内泳池区内
自然采光	尽可能利用窗户、天窗与室外区域为健身中心提供自然采光与视野
流线	健身中心各区域要保证工作人员能直接看到；男女设施要分开设置；紧急出口通道也要清晰可见
照明	更衣、运动和服务区要使用嵌入式暖色日光灯；在休闲区与接待区使用带有调光器的白炽灯或节能灯；为了强调视觉焦点区域，可以使用卤素灯；洗手台与梳洗台区域要提供照明度较高的灯；健身舞与运动区提供单独使用的调光器
隔音	不仅要将健身中心各房间做好隔音处理，还要对健身中心和其他区域做好隔音处理，以免对宾客造成干扰

续表

	设计要求
私密性	设计更衣区、休息区、卫生间和淋浴区，不要让人们从公共区域直接看到这些区域；为男女宾客分别设置更衣区，要符合当地法律、习俗、文化和私密性等要求
附属设备	在运动区可以设置一个直接拨号至宾客服务中心的内线电话；在接待区设置一个隐藏式扬声器；跑步机要装上可视设备，如自带电视机等
卫生间	材料要经久耐用，方便维护和清洁卫生，不要在地板上直接使用白色砂浆填缝

要求四：做好流线、走道与服务区域规划。

规划酒店健身中心流线、走道与服务区域时，应重点关注的内容如下。

（1）规划要求。健身设施之间要提供具备邀请性且清楚的通道。

（2）空间规划。设计时要充分利用艺术品、饰灯、强调性木柜、镜子和拱门，不要让宾客觉得这里是医院或公共建筑；充分利用凹室、拱门和扩大的走道交叉位置，不要让走廊看起来太单调。

（3）服务设施。在通道附近提供一个清洁间，设计内部地板时要将木地板、地毯、瓷砖或石材等充分利用起来，设计天花板时要使用复式吊顶和木饰线及嵌入式筒灯。

5.1.2 健身中心的设计说明

为了给宾客提供便利的健身服务，酒店该如何设计健身中心呢？通常，要从下面几方面做起：要在室内安装落地窗，保证空气充足且自然流通；适当地摆放一些绿植或花卉，让空间有欣欣绿意；为了方便宾客观察运动效果，最好悬挂一些全身镜。

酒店健身中心必须有独立的入口、休息区、拉伸运动区、有氧运动区、力量训练区、器械区、健美区（瑜伽房）、晒黑区、私教区。普通酒店的健身中心通常包括室内温泉泳池、保龄球、网球、羽毛球、台球、乒乓球、棋牌、沙狐球、射箭等设施；度假酒店的健身中心除了以上项目外，还包括垂钓、攀岩、体能拓展训练、户外游泳池、沙滩项目、海上项目等户外设施；海边度假酒店可以结合酒店的园林绿化设施进行康乐设计和布置，同时配上温泉泳池、桑拿、淋浴、更衣室、医务室等辅助区域。

四、五星级酒店专业健身器械不能少于10种；一般的商务酒店，专业健身器械不能少于5种；健身中心必须上锁，最好不与水疗中心、游泳池相连，设置方便去洗手间的通道；天花板到地面的净高为2.7米；使用0.9米的无框玻璃门或带有大观察窗的门或带有一扇侧窗的实心门；要配备窗户并贴上半私密窗户的膜或毛面玻璃。

5.1.3 健身中心的卖点设计

健身中心是酒店的一个销售项目，为了吸引宾客来这里，就要设计自己的独特卖点，如图5-2所示。

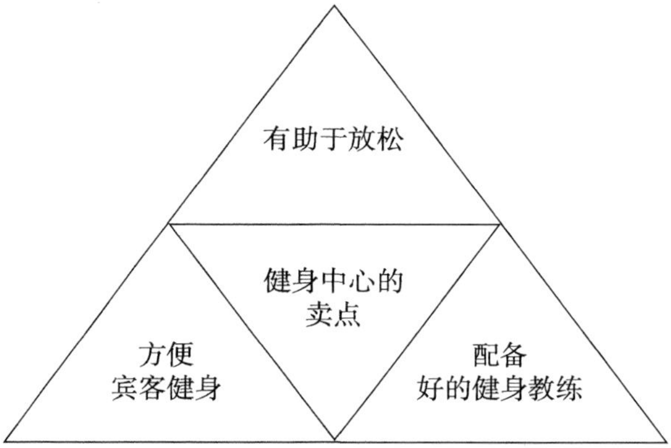

图5-2 健身中心的卖点

卖点一：有助于放松。

入住酒店的人，很多都是经常出差、平时工作忙的人，长时间的劳碌会让身体处于亚健康状态；而且，长途飞行后，进行适度锻炼是极好的放松和休息方式，更是缓解时差的好方法。因此，要想吸引宾客来健身，就要立足于“放松”这一卖点。

卖点二：方便宾客健身。

如果宾客每天都要进行适当锻炼，健身中心就要为宾客提供时间和空间上的便利。宾客想健身了，但健身中心却有时间限制；或者宾客想进行某个项目的健身，健身中心却没有该项目……这些都会给宾客留下负面印象，不利于健身中心打造好口碑。

卖点三：配备好的健身教练。

在专门从事健身服务的场馆中，请一位私人教练需要花很多费用，酒店健身中心如果能让宾客享受到一对一的私教服务，甚至还能让教练为宾客制订一份全年的健身计划，就可以将宾客吸引过来。

况且，酒店健身房教练的专业程度一般都高于健身馆的教练，除了掌握专业知识外，这些健身教练对于运动恢复、营养学等也都有专业见地，这些都是吸引宾客的重要元素。

5.1.4 健身中心的设施空间

图 5－3 是某酒店健身中心。

图 5－3 某酒店健身中心

要点一：健身中心的空间分布。

酒店健身中心至少要提供下列空间：接待区、流线/走道/服务区、运动区、娱乐配套设施、更衣区/淋浴区、卫生间、餐饮区、游泳池、小卖部等。其设计要点如下。

（1）入口与门厅。至少提供一个能让宾客进入健身中心的入口；用标志、照明与双门玻璃等提高入口的识别度；凭磁卡进出入口；服务通道不能由接待区穿过；接待区的完成面质量要与公共区域保持一致。

（2）接待区。具体要求如下：接待区提供大约 4 个客用位；地板使用木或石材地板与区域地毯；墙壁可以使用木饰板，也可以使用暖色石材，还可以装饰主题艺术品和壁灯；天花板的完成面光滑，可以使用复式吊顶、穹顶、筒灯、吊灯等，设置出/回风口。接待台至少能容纳 2 名接待员，安装一部电话。

要点二：健身中心的附加设施。

按照酒店健身中心的设施规划要求，附加娱乐设施主要包括下列休闲配套：无障碍设施、SPA、商店、清洁间、办公室、储藏室等。

（1）无障碍设施。在特殊人群通道旁边设置娱乐休闲和配套设施，为特殊人群提供无障碍设计。

（2）SPA。要认真调研，判断项目能否支持全套的 SPA 服务；度假酒店要提供全套的 SPA 设施；如果要设计含有 SPA 的全方位服务，要符合酒店的设施设计规范。

（3）商店。接待台或邻近的展示柜要为宾客提供与运动有关的商品，具体设计时，一方面，要符合审核程序和设计准则；另一方面，商店可以成为健康和美容相关商店比如美发店、脸部美容店、美甲店的入口通道。

（4）清洁间。在邻近通道的地方，设置一个清洁间，里面放有清洁用品设备，为公共区域提供保洁服务。

（5）办公室。提供一个管理办公室，便于工作人员管理。

（6）储藏室。设置一个可以储存设备、备用品和商品的储藏室，具体设计要求如下：设置一个分隔区，用来储存浴巾；如果条件允许，还要提供一个可以直接进入储藏室的入口，避免工作人员直接穿过公共区域。

要点三：健身中心的更衣区与淋浴区。

酒店健身中心的更衣区与淋浴区的最低要求是：按照相关法规，确定健身中心要提供的设施。需要脱衣使用的设施有桑拿、干蒸、按摩、浸池、晒黑床等。那么，酒店究竟要在何时配备更衣与沐浴设施呢？具体情境如表 5－2 所示。

要点四：健身中心的功能规划。

（1）健身中心规划。健身中心主要功能区域有有氧器械区（心肺区）、一般健身区域、瑜伽房、健身舞/伸展区、私教区，具体要求如表 5－3 所示。

表 5－2　　配备更衣与淋浴设施的具体情境

	说　明
会员制	如果酒店支持会员使用，就要设置更衣与淋浴设施
有好处	如果提供更衣和淋浴服务设施，酒店会得到利益，可以让宾客提前入住。当然，为了带来更多的利润，就要让更衣与淋浴同时为邻近的娱乐休闲功能服务，比如泳池、健身中心和休闲设施等
文化影响	如果受到文化习惯等的影响，宾客不能在公共区域穿运动服，就要设置更衣与淋浴设施

表 5－3　　健身中心区域规划的要求

区　域	要　求
有氧器械区	位于从接待与更衣室可以到达的第一个区域，在此设置跑步机、脚踏车、踏步机等。视野开阔，员工便于从接待台直接监控此处；设备的使用要减少外界干扰；提供被动式娱乐设施，包括有线电视等；将设备摆放在合理的位置，即使是在休闲平台，也可以感受到电视、大型屏幕的音响/视频系统
一般健身区域	提供可以支持多种运动机会的区域，设置举重板凳等健身器材，提供高度照明、众多墙镜和背景音乐，还有电视；室外视野不做要求，但要有自然光线
瑜伽房、健身舞/伸展区	如果设施规划有具体要求，要合理地跟其他区域用隔音墙分隔开来；在教练指导下的团队活动要提高私密性；尽可能地引入可控制的室外视野与自然光线；提供独立的音响、视频系统，在房间内控制该系统
私教区	为了满足健身者对健身专业指导的需求，要设置一间私教顾问室

（2）设备。需要准备的设备有跑步机、台阶机、电脑化自行车、椭圆训练器、重量设备、举重站等；各房间要设置墙壁挂钟；各区域要设置带过滤装置的饮水器。

（3）地板与墙面。地板与墙面的要求如下：选用尼龙、卷毛、防菌的地毯，要用木地板；举重区要使用橡皮地板；健身舞区要使用塑料（聚乙烯）地板；可以用塑料壁纸、镜子、木制品等来装饰墙壁。

（4）吊顶。要结合隔音吊顶、复式吊顶和木线脚进行设计。

图5－4是某酒店健身中心平面图。

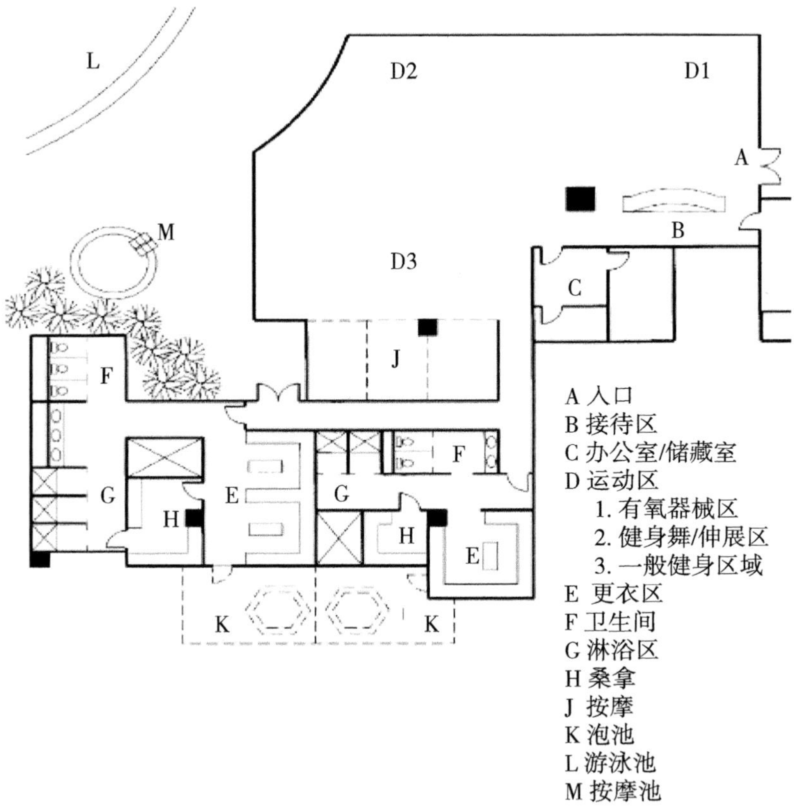

图5－4　某酒店健身中心平面图

5.1.5　健身中心的管理控制

健身中心的管理控制，具体要求如下。

（1）健身中心不能提供促销、补贴、交易等服务，要依据酒店规划准则与上面的元素，为宾客提供相应的健身设施。

（2）办公区与备品间（员工区域）。健身中心要设计接待台、办公区、储藏区。储藏区主要用来放置备用品（如浴巾、浴袍、拖鞋等）和一般设备、补给品、梳洗及更衣区的配套用品。

①位置。为了便于更衣区的配套用品补给，要邻近更衣区。

②大小。小设施要设置贮物柜；大设施则由酒店经营部决定。

③设备。设计用来放置浴巾、浴袍、拖鞋等的层架，可以上锁的门。为了有效防盗，还要提供实吊顶或将墙砌到结构底部。

④完成面。在地板与踢脚板上，要使用塑料地砖；墙上要使用油漆；天花板上不仅要使用油漆，还要悬挂吸音吊顶。

5.2 康乐中心各区域的设计

康乐中心是酒店宾客休闲、健身的地方，各区域的设计要满足以下几个要求。

（1）设计。要跟酒店的设计概念与质量保持一致。

（2）景观绿化。按照当地气候，可以利用使用空间和设计概念提供精致独特的绿化景观；利用绿化景观为宾客提供安静的公共区域和阴凉、阳光区域；室内泳池边要种植适合室内生长的活植物。

（3）淋浴、洗足池。室外淋浴、洗足池要严格遵照酒店的行业标准设计。

（4）餐饮设施。为了满足餐饮和宴会聚会的功能，要在宾客视线所及之处设计一个泳池平台，同时在泳池四周设置照明。此外，按每 10 间客房 1 个的标准设置躺椅；还要依据设施的规模、市场要求、餐饮种类与位置，配备相应数量的桌椅与阳伞。

5.2.1 游泳池的设计

酒店游泳池可以满足喜欢游泳的人士的需求。为了得到宾客认可，就要重视设施的规划、做好人员安排。当宾客在这里自由畅游、身心愉悦后，他们自然就会成为酒店的回头客。

图 5－5 是某商务酒店的室内游泳池和某度假酒店的室外游泳池。

图5－5　左：某商务酒店的室内游泳池　右：某度假酒店的室外游泳池

内容一：游泳池的规划。

在规划酒店康乐中心游泳池时，需要了解的内容有以下几点。

（1）规划要求。为宾客设置室内泳池，根据季节设置连接室内外的泳池；高端商务酒店可以设置室内恒温游泳池；度假酒店要设计多个分开的泳池，更要将室外泳池设在度假区中心；温泉度假酒店要设计多种样式的温泉泡池；同时，游泳池要配备独立的空调系统。

（2）确定位置。如果条件允许，要将泳池设置在健身中心附近，保证宾客能从客房电梯到达泳池；室内泳池要有开阔视野，室外泳池要能直接沐浴到阳光。

（3）入口控制。要想设计一个可以在非开放时间控制泳池的入口，就要重视以下几个方面：损失预防审查、当地的法规与规定、经营逻辑与泳池设施的位置、消防通道。

（4）提供控制设施。按照控制规划，要提供下列一项或者多项设施，具体要求如表5－4所示。

内容二：水池操作设备通则。

酒店配备水池操作设备时，需要注意的内容如下。

（1）安全。泳池的设备都要防绊防滑，更不能对宾客的衣服、头发和身体造成威胁。

（2）水泵。提供满负荷抽水，在供水泵失效的情况下使用；在水泵与过滤器中设置隔离阀。

（3）循环。吸水和水循环装置不能对宾客造成伤害；提供再循环泵和按摩水泵，至少设置两个入水口，间距至少为1.2米。

表5－4 游泳池控制设施的设置要求

设　施	设置要求
入口	宾客到泳池的主要入口，要面对着泳池的浅水区
形状	泳池的形状要同时满足游泳者和戏水宾客使用
室外泳池围篱	依据预防损失的法规与规划，提供高1.5～1.8米的围篱或绿化隔离
门	为了有效防止未经许可的人员进入游泳池或有人在非开放时间进入游泳池，要设置磁卡门锁
小门	为了避免顾客意外受伤，要使用符合要求的五金配件
机电	泳池的机电设备安排要交给机电承包商
标准	泳池的设计不仅要符合当地卫生法规，还要充分考虑当地的情况，如气候与地质等。同时，要设置一个池水循环过滤系统、一个消毒池、一个儿童戏水池
无障碍设计	为了照顾特殊人群，要为他们提供专用电梯
安全标志	在醒目的位置张贴“使用规则”“安全需知”和“不能跳水”标志。室内泳池温度保持在29℃，水道为6米×12米

（4）过滤。在循环、过滤、加氧和抽吸系统维修最小的情况下，保持水的清洁和卫生；各泳池要分别设置过滤系统；水池应提供最小的过滤量，每6小时换水一次。

（5）计时器。为了有效控制水泵与设备的使用时间，要提供电子计时器。

（6）水处理。设置一套溴或电离子水处理系统，不要使用氯气。

（7）化学处理。提供自动、可调整的注入系统与测试用具。

（8）加热器。为了给宾客创造适宜的温度，泳池要保持水温，因此需要提前准备好加热器。除非室外温度能一直保持在设计的温度之上。

（9）其他设备。需要准备的其他设备如表5－5所示。

表 5－5　　需要准备的其他设备

设　备	说　明
平台设备	主要包括扶手栏杆、救生员专用椅、绳索与深度分隔器、固定在平台上的楼梯扶手、移动式的特殊人群电梯（各泳池都应该准备）、平台固定锚
维修设备	主要包括水池清洁系统、弧形墙刷子、平台拖把、设施旗杆、刷子稳定器、旗杆接合器、海藻刷子
安全设备	主要包括救生圈、救生钩、救生钩与杆子的结合器、救生索、呼吸器、医务箱

内容三：按摩池的规划。

在靠近泳池较深的一侧，通常会设置按摩池。规划按摩池时，具体要求如下。

（1）位置。设置在特定的房间内。

（2）加温。回水水温器每两摄氏度一格，安放在过滤房内的衬垫和加热器之间。

（3）防滑。平台、压盖、凳子和地板的防滑系数为 0.6。

（4）水泵。提供多个水泵或双速泵，低速泵主要供正常循环操作；为了增加喷水速度，可以使用高速泵。

（5）排水。为了防止排水口吸入异物，要使用两个排水口和安全隔栅。如果排水口处于宾客视线所及之处，那就要配备镀铬不锈蚀的金属或铜合金管道、配件和喷嘴头。

（6）时控。提供能够使用的 15 分钟计时开关，供宾客启动按摩池的水泵和空气注入器。

（7）急控。提供紧急停止按钮，供宾客使用。

5.2.2　桑拿的设计

内容一：桑拿的设计。

酒店康乐中心要在男宾和女宾的湿区提供桑拿服务，供宾客理疗前放松或结合干蒸和浸泡池供宾客享受。其规划设计，要从下面几方面做起。

（1）空间。桑拿空间的规划要求如表5－6所示。

表5－6　桑拿空间的规划要求

要　求	说　明
湿式休闲区	将桑拿湿区安排在蒸房、按摩池与浸泡池附近
淋浴间	在同一个湿区内，将桑拿设置在更衣区的淋浴间附近，不要直接穿越干区
无障碍设计	能供特殊人群使用

同时，在瓷砖和板凳之前的地板风道上，还要设置移动式木地板；墙壁和吊顶最好使用木制的。

（2）选材。桑拿设施要符合商用标准；使用红木或松木墙板、散热器护板和移动式地板；行走的地板区域要进行防水处理；加热器采用墙挂式，具体面积由桑拿区容量决定。

（3）安全。在室内靠近入口处，设置一个安全报警器。

内容二：更衣柜、梳洗区及卫生间的设计。

康乐中心的桑拿区要分别设置男宾和女宾的更衣区、梳洗区、吹干设备、淋浴区和卫生间，具体要求如下。

（1）面积大小。更衣室要宽敞，四、五星级酒店更衣箱数量不能低于客房总数的15%。

（2）更衣区设备。一般酒店桑拿区的更衣箱数量不能少于客房总数的10%。更衣区要配备淋浴设施，设置洗浴、洗发用品；要有化妆台并配有吹风机和护肤、美发用品等。邻近梳洗区至少设立一间私人更衣室并配备适当数量的座椅。使用双层更衣柜与木制门，使用个人座位区或固定式硬木板凳，至少提供一个商业级别医生使用式磅秤；在入口处设浴巾分派与回收容器，同时提供一个大型墙壁挂钟。

（3）转换区设备。在桑拿区和更衣区之间设置一个转换区，具体设计如下：洗脸台面要使用石料，要在其后部与侧面设置防溅板，设置成凹室或连续台面；各站台要安装好装饰镜、壁灯、嵌入式筒灯、脸盆、电插座和手提式吹风机；提供开放式层架或凹柜，用来放置干净浴巾；设置嵌入式的直接或间接照明。

（4）附属房间。各单元都要设置两间约 1m×2m 的房间，一间用来淋浴，一间用来更衣；每 100 间客房提供男女各一个淋浴间；入口处设置门，淋浴间设置门帘；更衣干区提供板凳与浴袍挂钩，提供嵌入式直接或间接照明；地板和墙壁要使用石材或大尺寸瓷砖。

5.2.3 干蒸房的设计

内容一：干蒸房的设计。

在男、女宾分开的湿区内分别设置干蒸房，供宾客理疗前放松，也可以将其作为邻近设施的休闲配套设计。关于康乐中心干蒸房的规划，需要了解的情况如下。

（1）位置。干蒸房要设置到湿区，要邻近桑拿，靠近更衣区，不能出现流线交叉情况。

（2）面积。干蒸房的面积最小为 7.5 平方米，最大为 15 平方米。

（3）选材。凳子，为了有效避免因结露而积水，凳子要高 0.45 米；地板要做防水层，提供一个斜坡到地漏；使用砖墙，为了有效预防湿气扩散，要做好防水处理；为了防止凝结水滴影响宾客，要采用穹顶式或者拱形的吊顶，同时要进行防水处理，防止湿气渗到吊顶结构里；喷嘴安放到合适的位置，以免伤到宾客。当然，大型干蒸房还可以设置一个淋浴间。

（4）门与门框。门框使用铝合金材料；锁使用带钥匙的机械锁（不能从房内使用）；为了给宾客提供一种舒适的手感温度，最好使用木制的推拉门，同时要做好门封，预防湿气外散；为了有效防止水流出，要使用瓷砖或大理石的门槛。

（5）按钮式报警。将安全报警按钮设置在房内近门的区域，最好是红色的，样式为蘑菇形。

（6）必要设施。蒸汽室设置在邻近的房间；排气孔设置在吊顶上方；排水孔设置在地板斜坡最低的地方；照明设置在壁灯及板凳下，使用防水型照明灯；排水沟设置在门的外部地板上，需带盖；紧急切断装置，各房间都要安装。

（7）完成面。具体要求如下：地板使用瓷砖材料；墙既可以使用瓷砖材料，也可以使用玻璃材料，但为了给宾客提供一种视觉上的享受，要在瓷砖上设计与 SPA 主题呼应的图案；吊顶，使用瓷砖或玻璃的材料。

内容二：蒸汽机房的设计。

蒸汽机房尽量靠近干蒸房，符合厂家的技术规范；提供从公共通道或更衣区可到的走道，方便维修与管理；按照要求设置设备，提供维修空间；蒸汽器要满足能连续操作的商用等级；在各房间设置温控器、自动冲洗装置、高温限制装置、视窗、低水位切断装置、压力指示器等；门与框选用木制品；如果需要通风，则要提供百叶窗；需要的设施系统有水、电力和排水等系统；完成面的具体要求为，地板使用密封漆的水泥或者使用塑料地砖，墙壁使用油漆，天花板采用明露结构。

5.2.4 理疗间及休息厅的设计

内容一：理疗间的设计。

酒店康乐中心要准备一个或多个安静的功能房间，为宾客提供按摩与相关的理疗服务。理疗间的设计要满足以下几方面要求。

（1）数量和舒适度。按照规划要求，选择合适的种类和数量；为了提高环境舒适度，要调整好温度、照明与音响。

（2）空间规划。要将理疗间跟按摩间设置在同一区域内，方便工作人员工作；环境要安静，远离噪声来源；墙与吊顶的隔音系数为 STC55（即"Sound Transmission Class"，声音传播分级）。

（3）大小/面积。各房间的面积最小为 11 平方米。

（4）必要设施。按摩床，使用可以自由调节高度的按摩床；台面，最好高 0.91 米、宽 0.6 米、长 1.8～2.4 米，选用花岗石或人造石。

（5）音响系统。各房间都要设置音响系统，为宾客提供娱乐服务。

（6）温控器。各房间都要设置温控器，保证温度适宜。

（7）灯光照明。用调光器来控制间接照明，同时要在工作台上设置工作灯。

（8）电力插座。按摩床设置地插座；准备 4 个工作台电插座；设置两个插座，供蒸汽器和理疗设备使用；将电力插座与照明控制器设置在同一位置。

（9）完成面。地板与踢脚板表面要有弹性，保证工作人员长时间工作的舒适性；可以使用地毯（防菌、阻燃）、弹性木地板或塑料地砖；墙壁可以用油漆涂刷，也可以直接贴壁纸；吊顶可以在石膏板上喷漆。

内容二：休息厅的设计。

在距离健身中心合理的位置，为室外活动区设置一个小亭子，供宾客休息。同时，要安排一个屋顶和格子棚结合在一起的座位区，摆放好饮水机或带冷柜的饮料机，给宾客在理疗前后提供一个安静的、可以休息放松的房间。康乐中心休息厅的设计要点主要如表 5－7 所示。

表 5－7　　康乐中心休息厅的设计要点

要　点	说　明
空间规划	为了方便宾客到达理疗间，要将休息厅设置在更衣区附近。当然，宾客不能直接看到更衣区与理疗区
设施	为了提升宾客的视觉体验，可以设置一些视觉设施，如艺术品、水景等；为了便于宾客休息，要准备可调节的休息座椅、茶桌和阅读灯，容纳 4～8 人为宜；为了满足宾客的娱乐需要，要提供电视与音响娱乐设备。同时，还要在入口位置设置一个小饮料站；提供直接与间接照明
完成面	地板使用地毯、木地板；墙使用木饰线脚，用塑料壁纸装饰；吊顶使用平滑上漆的石膏板或者抹灰，设置可拆卸的隔音吊顶

内容三：SPA 的设计。

酒店康乐中心在设计 SPA 时，不仅要将水疗技巧和理念与地方特色完美结合在一起；还要创造一个让人心灵宁静的环境，让宾客在繁忙的生活中舒缓心灵，让 SPA 成为一个供宾客享受健康和舒适的场所。其设计要点如下。

（1）湿式休闲设施。如果设施规划表或 SPA 规划有要求，就要设置热浸池和冷浸池。

（2）管理控制。具体设施要与健身中心规划有关，可以为宾客提供运动与理疗健身活动区域；按摩设施运作程序和 SPA 的补充设计要符合行业标准。

（3）共同区域。共同区域通常包括桑拿、干蒸与冷热浸池等相互邻近的湿区，供宾客共同使用；淋浴设施必须邻近桑拿、干蒸与浸池；按摩设施必须共用门厅。

（4）热浸池。在男、女宾分开的湿区内，设置热浸池，供宾客理疗前放松；也可以作为邻近的桑拿、干蒸和泳池的休闲配套设施，具体要求如表5－8所示。

表5－8　　热浸池的设计要求

	要　求
空间规划	设置在邻近桑拿、按摩池、干蒸与冷浸池（如有要求）等共用区域。为了便于特殊人群使用，要进行无障碍设计；具体面积可以容纳1人或2人使用即可
设施	具体有台阶和栏杆、深度标志等；水池深度控制在1.1～1.2米；水温在40℃左右；水池结构要符合国际通用标准
照明	水面下设置防水与接地的灯具
设备	为了减轻臭味，要使用臭氧或溴化物；同时，在设备用房设置加热系统
完成面	水池使用批灰与瓷砖，道路使用瓷砖或批灰，防滑系数为0.6

此外，还可以设置冷浸池，除了温度外，其他都与热浸池保持一致；水温控制在13～18℃。

5.2.5　其他设施的设计

关于酒店康乐中心，除了上述的几个区域外，还需要配备的设施如下。

设施一：室内设施。

室内设施的主要内容如表5－9所示。

表5－9　　室内设施的主要内容

设　施	说　明
游戏间	通常包括电子游戏机与传统的弹球机，还可以安排其他非机械操作游戏，如桌球、桌上保龄球等；做好隔音，减少干扰；使用玻璃隔断，便于健身中心接待台或其他服务区域进行监督
台球间	至少安排两个台球桌；与其他游戏间连接在一起。使用玻璃隔断，便于工作人员监控
手球与壁球场	至少准备两个球场，无须配备座位，大小为6.1m×12.2m，使用高吊顶；设置在健身中心内，不能设在远处

设施二：室外设施。

室外设施主要包括室外泳池、网球场、排球场（沙滩排球场）与篮球室、室外手球与壁球场、高尔夫果岭与练习场、慢跑路径（如果可行）、草坪区、休息亭、温泉浴场、海滨浴场、滑雪场、儿童游乐场。通常，这些设施都是度假酒店需要具备的。

设施三：餐饮区域。

关于康乐中心餐饮区域的设计，需要了解以下几点。

（1）规划要求。在不采取会员制的小型健身中心内，果汁吧要设置自助式柜子，为宾客免费提供饮料和零食；在会员制的大型健身中心，果汁吧要同紧邻的餐饮设施结合在一起，为宾客提供便利；如果健身中心邻近室外休闲平台和泳池，就要将果汁吧跟泳池的餐饮规划结合在一起；如果果汁吧是自助式的，还要设置花岗石面和木柜。

（2）设施配备。配备装饰墙面和装饰灯具；要准备休闲的、木框架的座椅；在运动环境中，还要提供容易清洁维护的布艺椅垫。

（3）完成面。果汁吧的完成面和接待区要保持一致，使用复式吊顶、光滑面以及嵌入式照明。

5.3 儿童俱乐部的设计

为了吸引喜欢健身的年轻父母，在健身俱乐部附近大都设置儿童俱乐部。商务酒店可以在全日餐厅旁边设置一个儿童角；休闲度假酒店可以设置专业的儿童俱乐部。

经验丰富的酒店，在设计儿童俱乐部时，不仅会提供完善的硬件设计；还要每天更新活动内容，为不同年龄段的孩子量身定制丰富多彩的项目，让孩子们每天都能有不同的体验。

酒店在设计儿童俱乐部时，为了尊重不同儿童的需求，要根据儿童的年龄分成几个团组，比如：3 ~5 岁为一个团组，6 ~12 岁为一个团组。同时，为了便于父母陪同，儿童俱乐部内部要配备父母休闲区。

度假酒店可以每天为孩子们设置不同的活动项目，比如周一参观植物园，周二举办剪纸活动，周三让孩子们开个演唱会，周四鼓励孩子们一起制作手工艺品，周五让孩子们看部梦幻电影，周六可以学游泳，周日则可以进行科技探险。

5.3.1 儿童俱乐部的整体设计

5.3.1.1 儿童俱乐部的总体设计要求

儿童俱乐部主要分为娱乐区和培训区。

（1）娱乐区。娱乐区可以吸引目标年龄组使用不同的颜色和声音创造温暖和欢乐的氛围。设计时要考虑孩子的需要和兴趣，更要看到孩子的兴趣变化趋势。

（2）培训区。培训区要迎合两个群体——孩子和父母。孩子想玩得开心，但父母往往更希望孩子多些教育体验，能够寓教于乐。因此，儿童培训区的设计要满足两个群体的要求，其总体设计要求如图 5－6 所示。

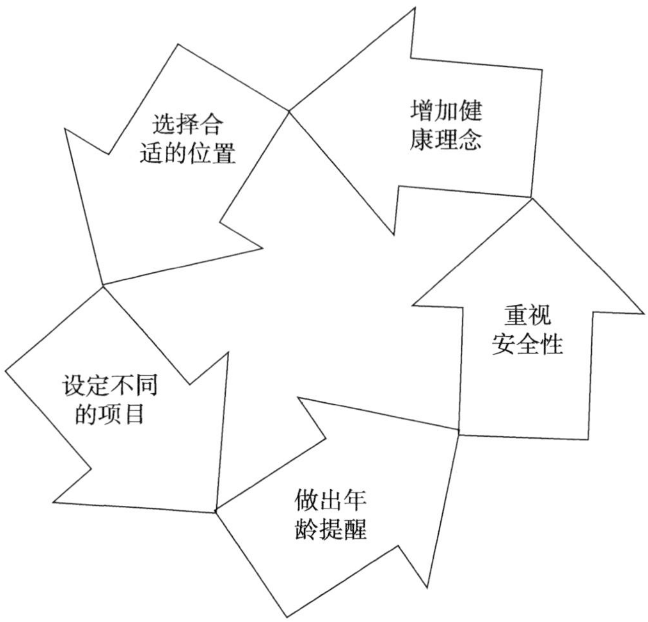

图 5－6　儿童俱乐部培训区的总体设计要求

①选择合适的位置。要将儿童培训区设置在酒店主要接待区，如全日餐厅、中餐厅和康体中心附近。

②设定不同的项目。针对 3～5 岁的儿童，可以设置一些相互连接的游戏

室，比如幻想空间等。这里可以设置一个符合儿童身高的游戏室、小卖部、搭建区、特定主题的魔法屋。针对 6 ~ 12 岁儿童，可以设置一个厨房，鼓励孩子与专业厨师一起烹饪佳肴；还可以设置一个电子游戏室和计算机实验室，将材料生动、图片炫目的系列游戏展示给孩子。

③做出年龄提醒。在设计儿童培训区安全须知时，需要提醒宾客：小于 1 岁的孩子，不能进入儿童培训区；1 ~ 3 岁的孩子，培训时需要父母陪伴在身边，且必须严格按照程序，服从管理；对于 6 ~ 12 岁的孩子，有些项目是禁止的，如水上运动、沙滩足球、沙滩排球等。

④重视安全性。安全是设计儿童培训区的首要任务。在设计儿童培训区时，要反问自己："这样的设计，我的孩子在这里学习，安全吗?"设计、建造、营运等都要考虑安全性，包括区域的划分、访问区域的位置、材料的选择、设施的选择等，这一点至关重要。

⑤增加健康理念。儿童培训区的设计要贴心，要让孩子们跟大自然建立连接，增加健康理念，感受大自然丰富的色彩。因此，儿童培训区的用色要童趣十足、格外精致，努力为孩子们打造一个充满童真的空间。

5. 3. 1. 2　儿童俱乐部的面积规划

儿童俱乐部的面积规划如表 5 – 10 所示。

表 5 – 10　　儿童俱乐部的面积规划

功能区	面积要求（平方米）
接待区	20
活动区	20
游戏区	20
网络区	16
电视区	20
盥洗间（卫生间）	20
教育区（绘画、练字）	26
后台区域（活动材料存储室）	20
儿童图书借还台	20
合计	192

备注：儿童俱乐部的面积要根据酒店的客情需要确定。

5.3.1.3 儿童俱乐部的设计风格

根据儿童的特点，在设计俱乐部时，墙面要粉刷上孩子喜欢的色彩；地面要使用易于清洁和防止摔跤的塑胶地面或带有弹力的地板，材料要环保、无污染；屋顶灯光要柔和，做好装饰；试听系统的控制通常位于接待台内；在接待可锁定的情况下，要配备足够的儿童存储磁带、光盘视频；为了便于培训或演讲，各区域都要设置隐藏式音响；各种照明灯光，要用调光器控制好。

图 5－7 是某酒店儿童俱乐部一角。

图 5－7　某酒店儿童俱乐部一角

5.3.2 儿童俱乐部的区域划分

酒店儿童俱乐部主要分为 7 个区域，如图 5－8 所示。

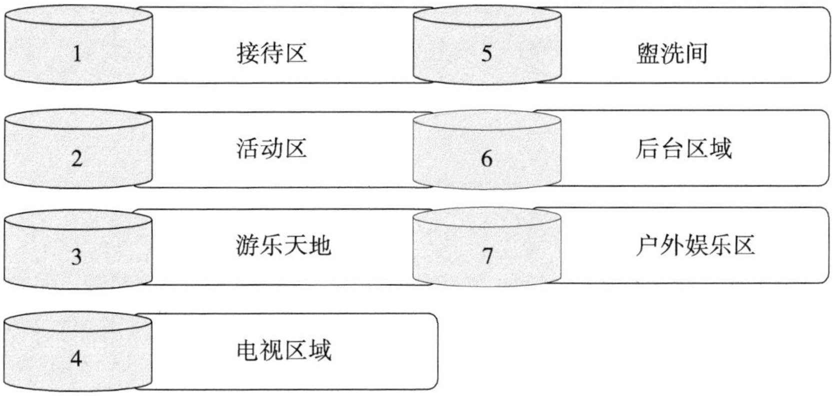

图 5－8　儿童俱乐部区域划分

区域一：接待区。

为了给宾客留下良好的第一印象，儿童俱乐部接待区要做到安全、专业、有趣。接待区设置在儿童俱乐部内外均可，具体设计要点有：设置一个站立式的接待柜台；如果接待柜台在儿童俱乐部内，要设置一个自动关闭的门，设置一个可以通过感应卡打开、可报警的装置。此外，要根据设施规模，安排10个收纳柜，具体数量统筹安排；每台电脑终端至少设置两个电话线；设置寻呼系统，使用前要接受家长检查；语音系统必须与公共区域系统连接在一起，安装在接待台桌面上的电话线、电器线等必须隐蔽起来。同时，还要提供便于访问的PA（在一定的场合内作为电子系统信号扩大的一组设备）系统、空调开关、主要控制和AV设备（音频与视频设备的统称）控制系统等。

区域二：活动区。

儿童活动区包括游戏区和儿童教育区，寓教于乐。为了照顾到不同年龄段的孩子，方便储存活动材料，至少准备2张桌子、4把椅子；提供洗手台，便于孩子们洗手；在手工艺室，孩子们可以用蜡笔绘画，共同创作。此外，在表演区，要设置一个舞台，供孩子表演。

区域三：游乐天地。

在这里孩子们可以自由发挥，要为孩子准备足够多的游戏项目，比如桌上足球、呼啦圈、乐高积木、其他玩具等。可见的玩具要用架子陈列出来、要为孩子提供足够的开放空间。

区域四：电视区域。

设计电视区域的目的在于为孩子看动画电影提供条件，设计时应安装一个嵌入式大型电视屏幕与DVD播放器；座位，要选用混合沙发和豆袋沙发，配备宽松柔软的垫子。当然，还可以在这个区域讲故事或培训。

区域五：盥洗间。

要为男孩和女孩设置独立的卫生间，分别设置两个低位厕所门，以厕所门、门框为中心，都能看到孩子坐在卫生间；男厕所设置两个小便池，女厕所设置两个低下沉盆池；准备尿布和便纸；各隔间要有独立主题，内部搭配专门设计的图形，同时搭配与之匹配的设计效果。

区域六：后台区域。

后台区域的设计要求具体如下：厨房设置双水槽洗菜盆、电烤箱、微波炉、大冰箱、可锁的橱柜；办公室要设置电脑终端、电话机、可锁的柜子；仓库设置开放的架子和可锁的橱柜。

区域七：户外娱乐区。

儿童俱乐部的户外娱乐区的设计具体要求如下：为了避免孩子在游玩时被太阳晒伤，要有足够多的树和建筑物阴影；区域完全安全，可以使用固体墙，周围地面要使用橡胶地塑，同时设置喷雾洒水装置；设置抗风化的桌子和凳子、交互式低压喷泉玩耍区域（没有池）、迷你篮球筐、乒乓球桌子等。

图 5－9 是某酒店儿童区域组图。

活动区（一）

游乐天地

活动区（二）

电视区域

户外娱乐区

图 5－9　某酒店儿童区域组图

5.3.3 儿童会员专属计划

随着家庭旅游需求日益旺盛、亲子游数量急剧增加，为了提高酒店的运营效果，就要推出创新旅客计划——儿童会员专属计划，为“小小旅行家”们打造专属特权。

《2016 年 TripBarometer（猫途鹰）全球旅游经济报告》显示，61% 的中国受访者表示，出门旅行的原因主要是回馈自己和家人。而携程旅行网发布的《亲子游白皮书》显示，80% 的中国家庭觉得，亲子游是一定要有的开支，会定期展开亲子游；40% 亲子游人均花费在 3000 元以上。更有业内专家分析认为，伴随着二孩政策的发布以及带薪休假政策的落实，国内亲子游市场正在迎来前所未有的发展机遇。

旅游在国人的生活中所扮演的角色越来越重要，与家人一起出游也成了彼此增进了解、沟通感情的良好方式。儿童会员专属计划的推出，不仅体现了酒店对家庭休闲旅游市场的重视，更是提升酒店运营效率的一大举措。如今，家庭旅行比过去更活跃，更具有全球视野，更注重从孩子的角度出发。因此，如果想打造好口碑、提高运营效果，酒店就要从孩子的角度出发，设计充满活力的旅程，赋予他们专属特权。

有家度假酒店就从孩子的体验和视角出发，为孩子们打造了专属特权。在这里，孩子们可以享受到如下礼遇。

（1）儿童（12 岁或以下）可以免费享用自助午餐或者晚餐，每位酒店宾客最多可以携带一名儿童享用此特权。这项特权适用于所有入住酒店以及非入住酒店的宾客。

（2）享受海星宝宝礼遇，与酒店的熊合影留念。

（3）小宾客可以获得酒店打造的专属礼遇：别具一格的欢迎礼品与服务，比如美食、可爱的纪念品、儿童浴袍及拖鞋、为儿童特设的梯凳等。

图 5－10 是某度假酒店的儿童娱乐设施组图。

图 5-10　某度假酒店的儿童娱乐设施组图

5.3.4　家庭计划的设计

基于对家庭宾客需求的了解，为了不断提升和完善家庭出游的酒店体验，在各具特色的酒店竞争中，可以推出家庭计划等项目。家庭计划可以成为一种超越宾客期望的体验，为年龄较小的宾客及家人提供精心设计的体验活动。

随着教育理念不断升级，中国家庭已经认识到了快乐教育及自由发展的重要性，并把旅行作为培养孩子身体、心理素质和开拓人文视野的另一堂课。为入住套房的家庭提供别具一格的欢迎礼品和服务，宾客旅行时，就可以体验到酒店品牌与众不同的专属入住体验，养成对品牌的喜爱，成为酒店回头客。

为了吸引宾客入住，有家酒店就推出了“儿童移动图书车”服务。

该酒店以自由“悦”读为理念，按照孩子不同阶段的身心发展特点，将不同年龄阶段的孩子进行分组，秉持“快乐学习”“自由阅读”的观念，为孩子们推荐 80 多本趣味性高、可读性强、内容优秀的中英文优秀读物，供小宾客在旅途中选择阅读。

同时，该酒店还结合自身的地理位置、丰富的旅游资源、种类丰富的图书、众多儿童娱乐项目等优势，为各家庭定制了适合家庭成员共同参与的酒店家庭礼遇体验，比如“探访大熊猫繁育研究基地”的项目。家庭成员可以一起游览当地的大熊猫繁育研究基地，孩子们不仅可以跟可爱的大熊猫亲密互动，还可以了解到珍稀动物的保护计划，从小培养热爱自然、保护生态的重要意识。

酒店实施家庭计划可以用丰富的家庭互动项目帮助各年龄段的孩子亲近家庭和大自然，酒店要充分利用健身俱乐部、儿童娱乐设备设施、丰富的美食等，鼓励孩子们大胆探索和发现，提高孩子们对酒店的兴趣。此外，酒店还可以开展精彩纷呈的活动，让出游家庭感受到当地的特色文化，比如入住北京区域的酒店，孩子们就可以享受地地道道的北京胡同文化、国粹京剧欣赏、游览名胜古迹等。

6 酒店智能化管理系统设计应注意的细节

现代社会的五星级酒店，并不仅仅装饰豪华，更要为宾客提供舒适的环境、周到快捷的服务，满足宾客的各种需求，同时最大限度地降低酒店运营成本，提高酒店的效率和效益。通过建设“酒店智能化系统”，运用先进的技术手段和设备，就可以实现酒店效益的最大化。在建设酒店智能化系统时，要本着“先进、实用、节约”的思想进行设计；要充分考虑酒店对智能化系统的要求。通过对智能化系统的良好设计和建设，确保酒店“舒适、安全、可靠”运行。

6.1 酒店对外智能管理系统

酒店的对外智能管理系统主要包括卫星及有线电视系统、多媒体互动电视系统及 VOD 视频点播系统、客房智能控制系统、酒店引导宾客入住系统、智能化室内空气净化系统、酒店客房内的物联网及多媒体系统等，任何一项都不能忽视。

6.1.1 卫星及有线电视系统

卫星及有线电视系统对于酒店运营非常重要，因此一定要重视。通常，设计卫星及有线电视系统，要点如下。

要点一：卫星及有线电视系统架构。

卫星及有线电视系统构架，具体要求如下：①采用 860MHz（兆赫兹，频率单位）的邻频传输系统，为宾客提供多套电视节目，同时，为了满足宾客需求，节目源要多种多样，包括市有线电视和卫星电视节目；②采用双向传输网络，为数据传输打下良好基础；③设置 999 个终端，分别设置在各个客房、宴会厅、餐厅、娱乐休闲场所、多功能厅、会议室、控制室等。

卫星及有线电视系统的设置，要考虑以下几个问题：三网统一、内部自办节目、卫星接收、有线电视预留接口。同时，还要根据星评相关规定，结合市场需求，对酒店电视节目的收取进行规划和设计。图 6 - 1 是某酒店卫星及有线电视系统构架。

要点二：卫星及有线电视系统设计。

酒店设置卫星及有线电视系统，主要是为了接收酒店所在城市的有线电视信号及卫星节目供宾客使用。其设计的具体要求如下：由市有线电视网通过光缆将市有线电视信号引到有线电视机柜内；卫星电视要接收亚太六号卫星的电视节目，主要接收境外节目。

酒店可以根据自己的客源结构，选择接收的电视节目。设计时，中央电

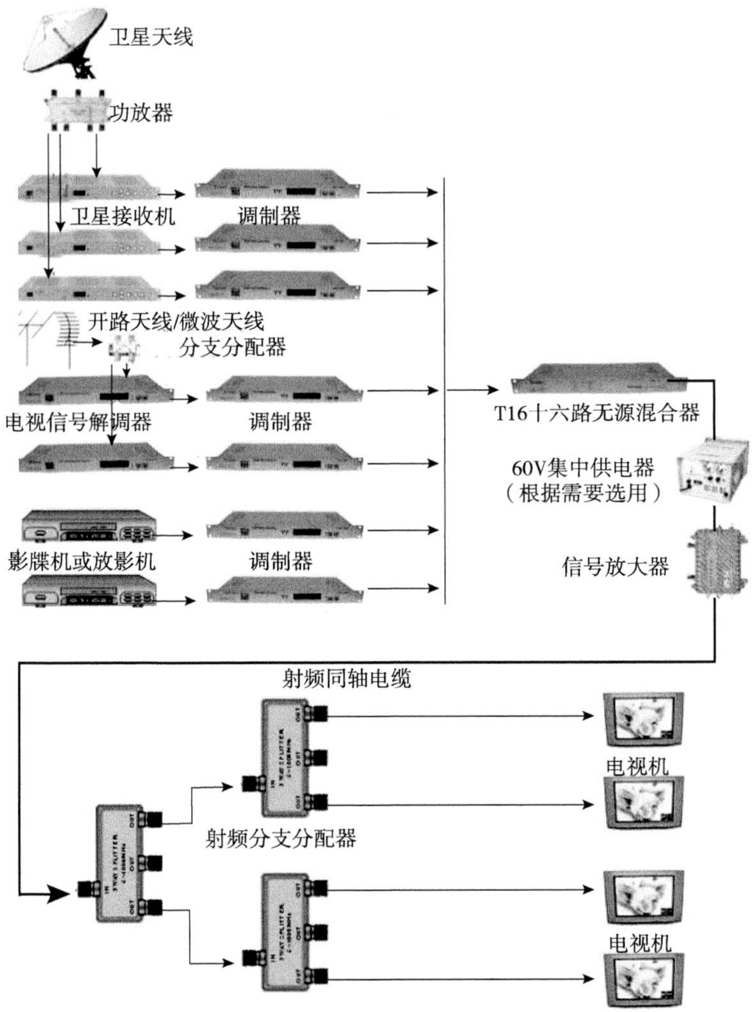

图6－1　某酒店卫星及有线电视系统构架

视台综合频道、酒店所在的省市电视台是必备的；也可以根据国家和地方有关规定，对接收的节目进行设计。

要点三：有线电视系统的组成。

有线电视系统通常都由卫星天线接收系统、前端、干线传输、分配分支网络等组成，机房可以暂时设立在监控机房内。卫星天线系统主要用来接收境外节目，也可以接收其他新闻、文体娱乐等电视节目。酒店可以在室外设置两座3米地面接收站。

要点四：卫星天线的设计。

卫星天线的设计要求如下：地基螺栓与房顶栋梁钢筋要焊接牢固；预埋地基螺栓要垂直，用定位十字模板控制孔位；方形或圆形的钢筋混凝土地基的基础厚度为0.8～1米，要比地基螺栓下部深0.1米以上；天线自重96.7kg，地基螺栓规格为2.4cm×35cm，天线总高度为2.8米；风力达到12级，天线要停止工作并锁定。

要点五：卫星前端的设计。

卫星前端的具体设计要求如下：前端部分可以分为两部分，一个是信号处理，另一个是信号源。其中，系统的信号处理部分主要设置混合器、放大器等。整个系统的核心是前端信号处理部分，是保障系统拥有高质量指标的关键，要尽量使用高标准设备并进行精心调试和设计；干线部分则是将信号从前端传输给宾客的线路。

要点六：系统传输的规划。

根据广电部网络中心电视频道设置规划：5～65MHz传输上行信号，85～550MHz传输下行模拟信号，550～750MHz传输数字电视信号，考虑到可扩充性，可以将系统传输设计为860MHz邻频系统，如此不仅可以有效传输模拟信号，还能传输数字信号。

6.1.2 多媒体互动电视系统及VOD视频点播系统

关于多媒体互动电视系统及VOD视频点播系统，具体细节如下。

细节一：建立完整的数字多媒体客房服务系统。

酒店要建立一套完整的数字多媒体客房服务系统、多媒体互动电视系统，内设八国语言，用宾客的母语对宾客表示欢迎。同时，酒店还应提供多款休闲及商务内容，供宾客欣赏，比如全面精准的信息、精彩优美的内容、便捷互动的服务、精准的计费和账单查询功能。

酒店多媒体互动电视系统设计至少包括观看电视、使用电脑、视听点播、酒店服务（酒店频道）、都市信息、账务查询、信息发布、服务监控等，实现三网三电的统一。当宾客打开电视机时，电视机上要出现欢迎模式："欢迎X先生/女士光临酒店。"通过电视机，宾客还可以查到酒店的各种服务信息，比如航班信息、外币兑换信息、天气预报等，实现五级查询。

细节二：电视功能强大并伴有家庭影院功能。

对于这类电视的具体要求如下：使用 40 英寸电视、5.1 环绕立体声组合系统；电视机带有角度遥控调节机械装置，带有一体 DVD 播放器、数字电视机顶盒、VOD 机顶盒；客厅和卧室分别设置一套一体化音视频系统；卫浴的镜面电视、马桶电视与客厅、客房的电视，既可以同步播放，也可以异步播放。

细节三：为宾客提供宽频及无线上网服务。

如今，人们的生活已经离不开网络，因此为了吸引宾客，就要在客房内设置宽频及无线上网服务。将接口和数据线设置在客房书桌抽屉内，宾客如果想上网，只需到前台索取登记号码即可。

6.1.3 客房智能控制系统

现在，人们对酒店的要求已经不仅限于居住，而是多功能的，会议、居住、休闲、娱乐、办公一样也不能少。

如今，不仅有大量的五星级酒店，甚至还有超五星、六星级酒店，是什么原因让这些酒店与众不同？除了建筑本身的装修、酒店的服务管理外，真正促使酒店与众不同的是智能化、高科技产品的广泛应用。

酒店客房智能控制系统，是利用计算机控制、通信、管理等技术，基于客房内的 RCU（客房智能控制器）构成的专用网络，可以对客房的安防系统、门禁系统、中央空调系统、智能灯光系统、服务系统、背景音乐系统等进行智能化管理，实时反映客房状态、宾客需求、服务状况和设备情况等，帮助酒店对客房设备及内部资源进行控制分析。

酒店客房智能控制系统功能丰富，兼容性强，还能提供与酒店管理系统的接口，已经成为酒店全面智能化的重要组成部分。通常，一个完整的酒店客房智能控制系统主要包括以下几点。

要点一：与酒店管理系统对接。

宾客在前台登记后，前台记录宾客的信息，同时自动联网，把宾客信息送入该宾客即将入住的客房智能控制系统，客房设备达到待启动状态。这时，自动调节该客房内的设备，达到一种迎宾的效果。空调处于运行状态，调节风速到高速，让客房快速达到预定舒适温度。如此，宾客在进入房间时，就会感受到舒适的房间温度。

要点二：通过门磁开关进行对接。

运用门磁开关和酒店灯光系统进行对接，在宾客进入房间时，宾客把客房 IC（集成电路）卡插入省电钥匙盒后，进入运行模式的客房智能控制系统会调试其设备状态：一切受控插座供电，包括空调插座、电视插座等；客房起居空间的一切照明灯打开，达到迎宾效果；宾客走进房间后，房间智能控制系统经过一段时间的高速运转，已经令房间达到相对舒适的温度。

要点三：宾客结账离开。

宾客在前台结账离开时，客房设备的控制权限自动回归前台中央控制系统。前台能在宾客离开后，自动发出复位命令，把宾客所住的房间设备恢复至原始状态；服务员无须在房间内清扫，也能完成人工复位灯光空调状态，提高清扫效率，方便进行统一管理。

要点四：与酒店窗帘电机进行对接。

开门插卡后，出现欢迎模式；廊灯点亮，白天窗帘自动打开；拔卡离开房间后，窗帘自动关闭。晚上，窗帘则不受房卡控制。

要点五：与酒店客房内的温感器自动对接。

比如客房内的温度设定为 22～26℃，当温度高于 26℃时，制热系统会自动停止工作；当温度低于设定的最低温度 22℃时，客房中的空调制热系统会自动启动，开始工作。

要点六：将酒店智能控制系统与阳台门联动。

设计度假酒店时，要将酒店的智能控制系统与阳台门进行联动。打开阳台门时，客房的空调系统会自动关闭；关上阳台门时，客房的空调系统会自动开启。

要点七：VIP 服务及 RFID（射频识别）宾客引导系统。

为了满足不同层次的宾客对酒店的需求，在酒店进行智能化设计时，在奢华型的酒店可以设计这项内容，普通酒店则不用。

6.1.4 酒店引导宾客入住系统

酒店引导宾客入住系统主要包括智能引导系统、会议签到系统、电梯安全系统、宾客消费系统、车辆出入控制系统、洗涤卫生系统等。酒店设计这些系统时，也要重视一些细节。

系统一：智能引导系统。

设置酒店智能引导系统时，要将读写器安装到各楼层电梯的出口处；同时，在走道的墙上安装方向指示灯，如此宾客就可以依据方向指示灯的指示走到自己的房间了。

宾客登记完信息后，就知道自己的楼层和房间号了。之后，宾客进入电梯，电梯的梯控系统会采集宾客身上的房卡信息，到达相应的楼层就会自动停下；宾客出电梯时，宾客信息就会被安装设备采集，并且通过有线网络传输到后台；后台会按照采集的信息，对走廊内的方向指示灯进行控制；宾客看到某个方向的一排亮灯，就能沿着指示灯的方向走到入住房间。

在设计房卡的识别功能时，采用的模式为：宾客刷卡达到入住的楼层和公共区域，电梯对此卡进行自动识别，体现了宾客的尊贵。比如，某酒店的宾客进入电梯时，必须刷宾客卡，才能到达自己指定的楼层；下楼梯时，就不用刷宾客卡了。宾客只要刷房卡，不仅可以到达入住的楼层，还能到达酒店的其他区域。

系统二：会议签到系统。

会议签到系统能帮助酒店登记参会人员的信息、引导座位、致欢迎词、统计来宾数量等；RFID 读写器一般被安装在比较隐蔽且参会人员一定要经过的地方。会议签到系统可以实现的功能如图 6 -2 所示。

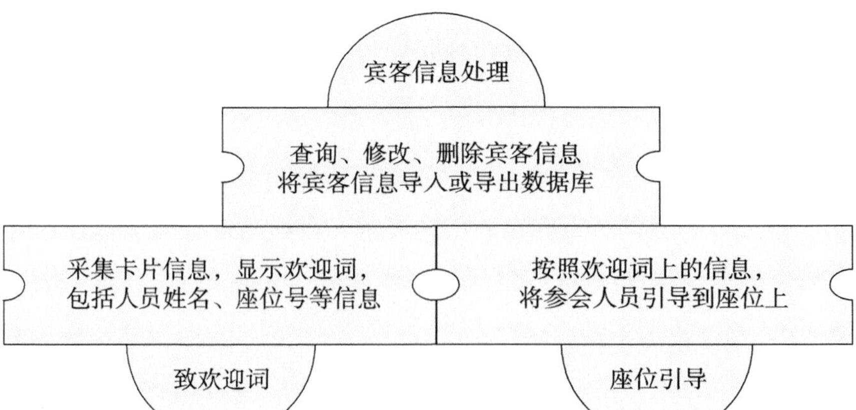

图 6 -2　会议签到系统

（1）宾客信息处理。该功能可以完成宾客信息的查询、新增、修改、保存、删除等，同时还能将宾客信息用 Excel（电子表格）格式导入或导出数据库。

（2）致欢迎词。在会议室的进口安装一个 LED 显示屏，参会人员一旦进场，卡片信息就会被读写设备采集，显示屏上就会显示出欢迎词，包括人员姓名、座位号等。

（3）座位引导。按照欢迎词上的信息，正确地将参会人员引导到正确的座位上，让参会人员对号入座。

系统三：电梯安全系统。

根据酒店的实际需求，要在电梯上安装读写设备，通过管理软件将各种参数下载到白卡电梯管理器中。宾客刷卡时，白卡电梯读写器一旦感应到卡，就会将卡内的相关数据读出来，并且对各数据进行检查。如果数据合法，电梯就会直接到达该宾客有权限的楼层，否则电梯不会运行。

系统四：宾客消费系统。

从方式上来说，宾客在酒店刷卡消费可以分为两种：预存现金消费和身份认证消费。

（1）预存现金消费，指入住登记时宾客需要交一定的费用，服务人员在房卡上指定区域记录数额。入住期间，只要刷一下房卡，宾客就能在限额数值内进行消费，比如购买商品、就餐、用车等。这种消费方式比较复杂，实际应用中已经越来越少见了。

（2）身份认证消费，指在小额或免费服务项目上对宾客的身份进行确认。如果是信誉度高的或 VIP 宾客，系统在完成身份确认后，宾客可以挂账消费；退房时，统一到前台结算即可。这种消费方式是目前酒店运作的主要趋势。

系统五：车辆出入控制系统。

车辆出入控制系统把计算机管理技术、自动控制技术、以太网实时通信技术、图像识别技术和智能卡技术有机结合在一起，通过设置在出入口的读卡器读取卡内信息，对出入车辆的身份、有效时间、是否需付费等做出判断，实现车辆出入管理、自动存储数据、图像对比等功能，保证场内车辆安全，便于随时了解场内车辆动态，不仅管理准确、高效，查询灵活、安全，还能简化临时停放车辆的管理程序。

酒店往来的人员比较多、人群广、人员不固定，出入车辆有入住、访客、内部员工等的车辆。一般的做法是，入住酒店的宾客可以持房卡在有效期内出入，内部员工可以按照设定的级别持卡出入，外来人员在入口位置领临时卡、按照停留时间交费。

系统六：洗涤卫生系统。

酒店餐厅、宴会区等都要使用到桌布，几百间的客房则要供应浴衣、床单和毛巾。每天都会有很多纺织品离开酒店，经过清洗、按压和折叠后，才能返回酒店。酒店不止一家，工作繁杂，洗涤店自然也就无法准确地追踪洗涤用品的具体位置、数量。如果想追踪到每件物品的清洗次数、估计出物品的使用寿命，就要做好设计。比如，在酒店衣物进出门道上安装 RFID 天线和读写器，通过读写器将数据传输到酒店内的宾客端服务器。同时，在各洗衣店的进出门道内安装 RFID 天线、读写器和宾客端服务器。如此，只要将双方的宾客端服务器连接到数据中心服务器即可。

6.1.5 智能化室内空气净化系统

宾客都希望自己入住的环境空气新鲜，如果酒店内整天弥漫着难闻的气味，谁还会入住？清新的空气环境是酒店吸引宾客的又一重要元素。那么，如何才能打造酒店内干净清新的空气呢？要设置一套智能化室内空气净化系统。

智能化室内空气净化系统，严格遵照国家质量监督检验检疫总局、卫生部和国家环境保护总局发布的《室内空气质量标准》：室内空气应无毒、无害、无异味。满足了人们追求健康和安逸生活的需要，是一种新型的环保设施。

使用这种系统，只要将房间的窗户关闭，就能通过各种智能化控制手段，让室内空气始终保持洁净，给宾客提供一个良好、健康、舒适的居住环境。

要点一：新风量自动调节。

智能化室内空气净化系统可以通过新风换气系统进行新风量的自动调节。风速有高、中、低三挡，既可以由人工通过键盘任意设定，也可以由智能化控制系统根据室内空气的实际情况自动控制。不断调节新风的摄入量，不仅可以保证室内空气环境舒适，还能大大节省能源。

要点二：定时控制。

根据宾客的实际需要设置，比如晚上无人入住时，智能化室内空气净化系统就能按照一定的时间自动开启和关闭。

要点三：自动控制。

中央吸尘器和空气净化器可以按照宾客的实际需要，任意设定工作时间和工作方式。

要点四：自动报警。

在室内安装各种传感器，可以动态地检测到室内空气质量的各种有关参数，一旦出现异常情况，声光就能自动报警。报警可以通过按键任意设定；报警后就可以通过按键关闭报警器。

6.1.6 酒店客房内的物联网及多媒体系统

系统一：酒店客房内的物联网系统。

在信息化高速发展的时代，物联网已经成为一种趋势。

物联网不仅是技术热点，更是信息化时代的发展方向，是人类从信息化、自动化迈向智能化的必然之路。因此，在进行酒店智能化管理的时候，要在客房内安装物联网系统。

（1）系统外网组成。客房与监控电脑之间的系统主干线，要采用成熟的TCP/IP（传输控制协议/因特网互联协议）以太网通信协议，保证客房中的信息在1秒内准确迅速传送到中央服务器上。每间客房都要设置一个TCP/IP网关，同时还要根据客房的不同数量设立若干个集线器。

（2）客房内网的组成。客房控制设备主要包括1个阻波器、若干个灯光控制面板、若干个空调控制面板、1个综合服务显示面板、1个柔乐门铃、1个取电开关。要根据实际需要来增加以下配件：TCP/IP网关、调光控制面板、门磁开关、红外感应器、紧急按钮面板、弱电输入模块、大功率驱动模块等。

（3）网络管理功能。服务器要与前台、楼层、客房中心、工程部、保安部等部门计算机，经交换机/集线器连接在一起，构成一个内部网络；之后，通过快速的信息交换和数据处理，实现计算机的系统管理。酒店管理者只要在计算机上登录客房管理系统，就能查看客房内的相关信息，并进行有效控制。

（4）节能减排。洗手间内的红外探测器，如果在20分钟内监测不到有人移动的信号，会自动关闭照明灯和排气扇。宾客把房门或窗户打开，会自动关闭冷气（或暖气）输出；门窗关闭后，会自动恢复供应冷气（或暖气）。夏天可通过管理计算机添加每日执行任务，使客房的空调温度在指定时间内提高一定限度；可以查看客房中每月能源消耗最大的负载，判断是否需要更换功率更小的型号。

系统二：酒店客房内的多媒体系统。

在娱乐自主性越来越强的情况下，酒店提供的影音内容已经逐渐不被宾客关注，越来越多的人在出差或旅游时都会随身携带各种便携式的影音和娱乐设备，比如 iPad（苹果平板电脑）、MP3 播放器、移动 DVD、PlayStation（一款电视游戏机）、手提电脑、数码相机等。同时，随着个人影音娱乐设备及高清大屏幕平板电视的发展和普及，宾客都喜欢用客房内的硬件设施来播放自己喜欢的娱乐内容。少了这样的服务，宾客很可能就会离开你。因此，酒店客房一定要设置合理的多媒体系统，具体内容如图6－3所示。

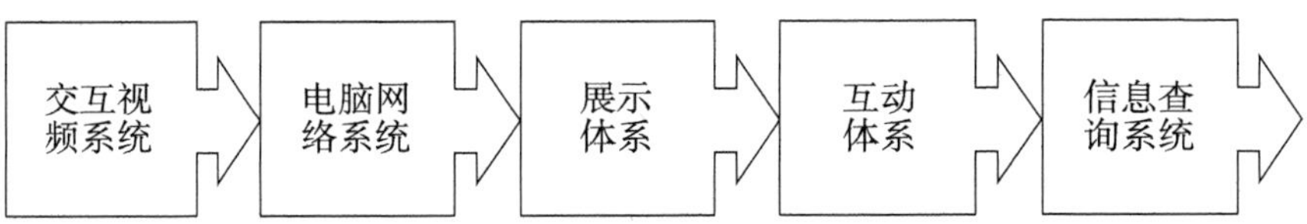

图6－3　酒店客房内的多媒体系统

（1）交互视频系统。缺少了楼层服务员，宾客就会感到不适应，引进交互视频系统，既可以达到提高效率的目的，又可以大大降低管理成本，使酒店形成比较好的数字化品牌。

（2）电脑网络系统。入住酒店的人一般都是商务人士，他们对客房电脑的需求率约为95%。因此，为了满足宾客的需求，就要在客房配备电脑网络功能，以便宾客进行互联网冲浪、收发邮件、软件办公、上网聊天、查询股市行情、网上订票等。

（3）展示体系。展示体系一共包括两类：一类是向宾客展示酒店的资料与服务，例如酒店的发展历程、分支网络、企业文化、酒店服务、特色菜系，方便宾客了解；另一类是向宾客展示当地的地方特产、风土人情等城市信息，节省宾客查阅时间。

（4）互动体系。要方便宾客在客房内与前台服务员进行互动，例如，前台服务员发布信息后，宾客可以马上在客房内查看；同时，宾客还能在房间内点餐、订票、租车、退房等。

（5）信息查询系统。宾客在房间内可以实现信息查询，例如天气、航班动态、列车时刻、轮船时刻、客车时刻、市区公交路线、高速路况、市区路况等。

6.1.7 智能系统在酒店的其他应用

智能系统在酒店的其他应用，主要体现在以下几个方面，如图6－4所示。

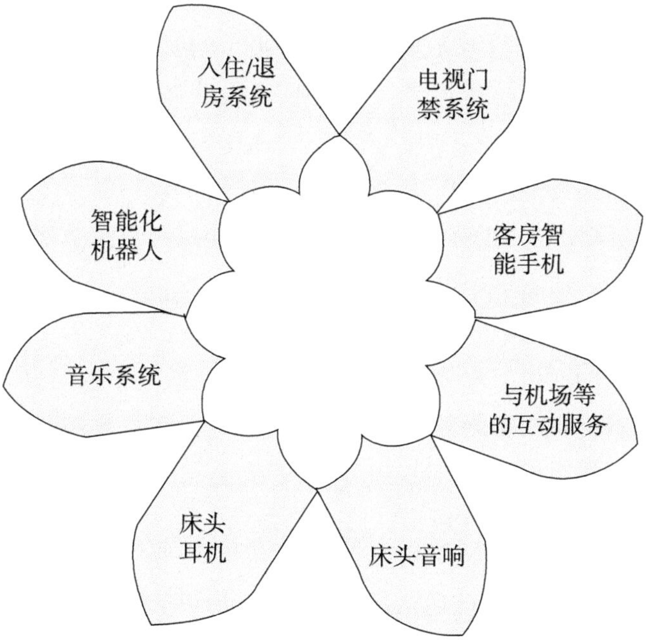

图6－4 智能系统在酒店的其他应用

应用一：入住/退房系统。

智能系统是最便捷的入住/退房系统，在设计酒店对外智能管理系统时一定要考虑到。可以通过手持登记设备进行远程登记，帮助宾客在房内或店外完成登记、身份辨识和信用卡付款等手续。

应用二：电视门禁系统。

有了电视门禁系统，如果外面有人按门铃，房间内的宾客不便应门时，门外的图像就会主动跳到电视屏幕上，方便宾客判断以何种形象去开门。这一点更体现了服务的个性化和人性化。在智能化设计时，可以在行政楼层和总统套房楼层设计这项功能。

应用三：客房智能手机。

有了客房智能手机，不管宾客在酒店的任何场所、市内任何地方，甚至是在国外，都不会漏接通往房间的电话。在智能化设计时，可以在行政楼层和总统套房楼层设计此功能。

应用四：与机场等的互动服务。

在电视互动节目中，宾客能够实时了解机场的最新航班起飞和到达信息，高铁的列车时刻表；在行政酒廊和商务中心，可以为宾客提供打印登机牌、预订飞机票、预订火车票等服务。这项服务的设置，需要酒店、机场、铁路等进行商务协调。

应用五：床头音响。

为了突出客房产品的差异化，可以在行政楼层和总统套房设置床头音响，其他房间只配置普通闹钟即可。

应用六：床头耳机。

在床头背板侧面设置电视耳机插口，床头柜抽屉中放置耳机，都可以为尚未就寝的宾客提供视听服务。这个项目可以设置在行政楼层和总统套房内。

应用七：音乐系统。

此系统要设立四个独立声道，除了播放客房电视节目声音外，还要设置三套风格迥异的音乐频道供宾客选择。

应用八：智能化机器人。

在酒店服务中，可以配备智能化机器人，比如，宾客只要致电前台，物品的配送工作都能由智能化机器人完成。智能化机器人的设计及运用主要通过以下几个程序来实现：接收信息、自主搭乘电梯、躲避路障、寻找客房、致电宾客、返回前台等。智能化机器人的应用设计要综合运用室内定位技术、智能导航技术等。

6.2 酒店内部智能管理系统

酒店属于服务性行业，进行酒店内部智能管理时，要充分考虑其特殊性。

6.2.1 综合布线系统

只要有百兆到桌面、千兆主干网，就可以满足绝大多数酒店的需求。目前，酒店所使用的综合布线系统为：五类综合布线系统、超五类综合布线系统或六类综合布线系统。在设计综合布线系统时，要充分考虑智能化系统的集成，主要基于以下原则。

（1）智能化集成系统是一种集成管理平台，是系统直接跟使用者、维护者进行交互的界面。

（2）智能化系统建成后，可以对智能化集成的系统进行集中监视、管理和控制，保证各子系统协调稳定工作。

酒店的内部综合布线系统有很多，这里我们就介绍一种 Client/Server（客户/服务器模式）结构，图 6-5 就是某酒店的综合布线系统架构。

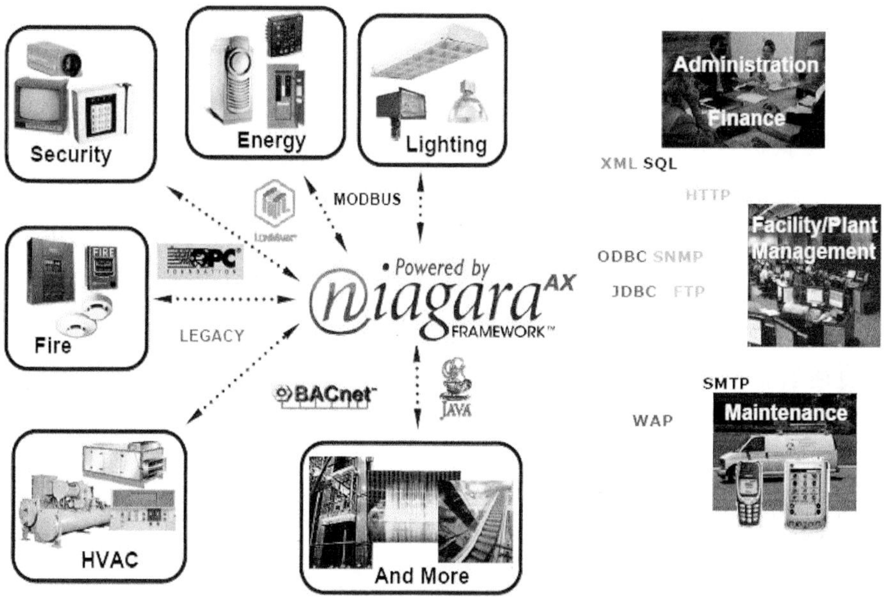

图 6-5 某酒店的综合布线系统架构

此结构以 Web Server（网页服务器）为服务器软件，以浏览器为宾客端软件，设计要点如下。

要点一：客房信息点的设计。

一方面，要在客房写字台的墙面距地 0.85 米的位置设计一个数据点，比写字台高 0.1 米，写字台的高度通常为 0.75 米；另一方面，在客房床头柜的墙面距地 0.3 米的位置设计一个语音点，在卫生间设计一个语音分机。需要注意的是，商务套房要按照具体的家具布置来增加数据点，要专门为传真机单独设计一个语音点。

要点二：办公区信息点的设计。

依据办公区点位设计原则，每 10 平方米的区域至少设置一个数据点；同时，要结合装修图纸，在各办公桌的墙面距离地面 0.3 米的位置设计一个数据点和一个语音点。此外，还要在总经理、副总经理和部门经理办公室、商务中心等处增加一个语音点，供传真机使用。

要点三：收银区信息点的设计。

收银区指的是收银台等区域，不包括酒店外租店面。该区域的设计要充分考虑酒店消费金卡的设立和银行专线刷卡的设立；同时，还要在酒店大堂的偏角位置设计相应的银行专线，设置自动取款机，预留两个点。

要点四：其他区域信息点的设计。

厨房（含西餐厅、中餐厅等）要根据装修图纸，设计相应的信息点，便于打印餐饮订单。此时，要考虑到无线网络打印机和无线点菜系统的设计。

在客房区的每层楼电梯厅出口的醒目位置，设计一个语音点，用于壁挂式信息发布显示屏；也可以在台面安装一部电话，为了方便房客使用，要设置醒目的标志（如服务热线），电话要设计成一键式的，宾客只要拿起话机，就能直通酒店总机，获得最佳的服务体验。

6.2.2 智能系统覆盖

酒店的内部智能管理系统主要包括以下内容。

内容一：无线网络覆盖系统。

无线网络的引入是当今酒店拓展商务业务的重要法宝。高星级酒店，特别是五星级酒店，可以使用无线网络全覆盖、无盲点设计；五星级以下的酒店，可以在大堂、西餐厅、中餐厅、宴会厅、会议室、休息区、行政酒廊等公共区域设置无线网络覆盖。

（1）无线对讲系统的各楼层无线覆盖。在酒店经营管理过程中，使用对讲系统会大大提高工作效率：一方面，这样可以让员工及时地为宾客提供快捷服务，帮助宾客解决问题；另一方面，这样可以让员工实时地帮助宾客解决遇到的各种问题。无限对讲系统的覆盖设计要求如下。

①覆盖网络一定要减少对外界的干扰，同时也不要受到其他同类设备干扰。

②各建筑楼层，包括楼梯、地下一层、地下二层、电梯轿厢、电梯厅、公共走廊、机房等都要覆盖到，不要出现盲点。

③无论处在哪个频道，所有中转台都能相互对讲通信。如此，遇到紧急情况，酒店员工就可以快速方便地进行调度了。

④工作人员能在一个或多个控制台上对所有频道进行监听、对讲，能选择性地将对讲机信号联动。如此，不仅可以加强相关人员协同配合、减轻工作人员的工作量，还能有效提高指挥调度的工作效率。

⑤无线对讲系统宾客具备单呼、群呼、组呼、全呼等功能，只要将信道选择旋钮放在部门指定的中继频道上，同部门的人员就能通过对讲机进行内部沟通。如果要跟其他部门通话，只要将信道旋钮旋转到指定部门的信道上即可。

（2）计算机网络系统总体方案设计。为了创建一个安全可靠、高效运转的酒店计算机网络系统，必须做到以下几点。

①支持安全通信标准，采用先进的加密技术进行宾客身份验证和接入控制。同时，要注意网络安全。服务器要符合有关部门的安全要求，关键设备要备份。

②采用管理域的结构，对宾客、信息资源进行分域管理，以 TCP/IP 协议作为全网标准通信协议。

③设计网络、方案时，要充分考虑所有设备的开放性和前瞻性，保证软硬件系统相对独立、升级简单、组网方式灵活；要充分利用当下的网络设备，防止重复投资，不要造成浪费。

内容二：程控交换机系统。

进行程控交换机系统设计时，既要考虑到酒店的可扩容数，又要节约资源和成本。通常在设计程控交换机的门数时，要将程控交换机的门数设计为客房数的2.5倍。目前，酒店总机有两种存在形式：程控交换机和虚拟交换机。其中，程控交换机系统建设包括一台数字程控交换机，每100个房间配置一个话务台。此外，还要提供语音信箱、电话计费软件、维护终端、通信电源系统、配线架等设备。

内容三：公共信息发布系统。

公共信息发布系统可以轻松地构建一个集中化、网络化、专业化、智能化、分众化的大型楼宇多媒体信息发布平台，为酒店提供功能强大的信息编辑、传输、发布和管理等专业媒体服务。如此，不仅可以极大地提升酒店的宣传效果和竞争力，还能提升酒店的服务档次、完善酒店的服务体系、塑造信息化酒店的形象、提高宾客满意度。

该系统共包括四部分：数字媒体信息发布系统、网站建设系统、大屏幕显示系统、多媒体查询系统。发布的内容主要包括：①对外发布信息，如欢迎信息、节日问候、公告信息、会议信息、楼层分布图、天气预报、滚动信息、各类查询信息等；②对内发布信息，如内部通信、楼层平面图、办公信息等。

6.2.3 多媒体会议系统

对于高级酒店来说，高档会议接待不仅会带来很高的会议接待收入，还会带来吃、住、观光、娱乐等一系列高消费收入，让酒店得到比一般旅游、住宿接待更为全面高效的收益。

先进的多媒体会议系统代表着21世纪高档商务型旅游接待场所的内在品质，也是带动其利润增长的核心设施。因此，酒店配置现代化的多媒体会议设施是非常必要的。

多媒体会议系统，概括起来主要包括影像系统、音响扩声系统和专业灯光系统。

内容一：影像系统。

为了满足宴会厅的功能需要，可以配置两套投影系统，分别隐藏安装在主席台的两侧。

内容二：音响扩声系统。

为了适应酒店各种宴会、研讨会议、商务会议、新闻发布会、培训学习等不同要求，为了给与会者营造一个非常好的听音环境，酒店要设计一套专业的音响扩声系统。

内容三：专业灯光系统。

为了满足会议与演出的需要，可以依据宴会厅的建筑格局并参考传统的使用方式与布局，设置专业灯光系统。

（1）走廊照明。走廊要采用可调光源，将智能调光和开关控制器结合起来，让走廊始终保持柔和、优雅的灯光环境。要按照不同时间、不同场景，精心进行灯光场景预设。使用时，只要调用预先设置好的灯光场景，就能达到新颖的视觉效果。

此区域的照明控制，集中在相关的管理室，由工作人员控制，具体要求如表6－1所示。

表6－1　走廊照明的设计要求

	设计要求
时间控制	走廊是必要的照明区域，通常灯具都处于长开状态。从节能角度来考虑，结合白天和晚上的时间变化，可以设定白天场景和夜间场景，夜晚开启隔灯控制就能达到极佳的节能效果。当然，该区域不仅可以通过控制中心调节，也能通过时间控制功能进行调节
动静控制	在楼梯间和走廊，采用探测器触发灯光工作的模式，可以达到“人来灯亮、人走灯灭”的效果。可以同时设定：白天人多时，不开启探测器；晚上人少时，可以开启探测器。比如，18点后，走廊灯光会关闭70%，保证基本照度，并切换到探测器感应模式；如果有人加班，就会自动感应到人的到来，打开公共区域照明，人走后则延时关闭

（2）会议室照明。会议室是现代酒店的一个重要组成部分，采用智能照明控制系统，对各照明回路进行调光控制，可以预先设计各种灯光场景，营造出不同的灯光效果。对于会议室或多功能厅，一般要做下面几种场景

设置。

①会议准备场景。在会议开始之前，工作人员只要按一下安装在会议室门口的控制器上的“会议准备场景”键，系统就能把会议室某几个回路的灯光调整到半亮状态或仅将筒灯全部点亮。这样一方面保证了照度，方便会议准备；另一方面又能节约一定能源。

②一般会议场景。在与会者进入会场时，工作人员按一下控制器上的“一般会议场景”键，系统就能将刚才调到半亮状态的灯光回路调到全亮，同时荧光灯就会全部点亮。随着与会者增多，会议大厅内的所有灯光全亮，预示着会议即将开始。

③会议进行场景。当会议开始时，工作人员按一下控制器上的“会议进行场景”键，除了主席台上方外，其他区域的筒灯会全部关闭，同时荧光灯会调整到70%左右的亮度。这样不仅可以让与会者集中注意力，也方便与会者看清文件、做好记录。

④会议讨论场景。当会议进行主题讨论时，工作人员按一下控制器上的“会议讨论场景”键，主席台上筒灯不变，荧光灯调暗，就可以突出墙面上的会议主题；同时，将其他筒灯关闭，调暗中间区域荧光灯，调亮周围区域荧光灯，就能营造出一种轻松休闲的氛围。

⑤会议演示场景。如果会议中有一些幻灯投影或者演讲，工作人员按一下“会议演示场景”键，投影屏幕就会自动下降，屏幕上的荧光灯和筒灯就会在相同时间分别变暗和关闭，实现联动效果。同时，其他区域的灯光就会调整到60%左右，既方便与会者看清楚屏幕上的内容，也能保持一定亮度，方便与会者记录。

⑥会议休息场景。会议进入休息状态时，工作人员按下控制器上的“会议休息场景”键，所有的荧光灯就会逐渐变暗，直到关闭；同时，筒灯也会关闭部分回路。如此，既可以节约能源，又能够营造出一种轻松休闲的气氛。

⑦会议结束场景。会议即将结束时，工作人员按下控制器上的“会议结束场景”键，非通道区域的荧光灯就会逐渐变暗、筒灯回路就会关闭；同时，通道区域的灯光也会逐渐明亮，不仅可以告诉人们会议要结束了，还能营造出欢送与会者离开的气氛。

⑧会议清洁场景。会议结束后，清洁人员来到会议室，按一下控制器上

的“会议清洁场景”键，系统就可以将所有的灯光回路调到较亮状态，方便清洁人员在足够的亮度下清扫会议室。同时，系统按照预先的时间设定，逐渐关闭清洁过的区域灯光，节约能源。

6.2.4 内外部灯光系统

酒店的内外部灯光系统主要内容如下。

内容一：室内灯光系统。

照明设备无处不在，对于不同的照明用途，控制方式完全不同。酒店客房室内的灯光系统控制设计如下：对客房室内的灯光采用集中控制，按宾客的使用习惯进行场景模式控制；客房室内灯光的控制模式可以分为早晨（日出）、中午（日中）、下午（日落）、晚上（睡眠）、关闭（总开关）五个模式，且各模式都可以为其对应的灯光进行高、中、低、关闭等调整。

内容二：室外景观灯光系统。

室外景观灯光系统的控制主要有两方面：组合控制，依据节假日等要求对彩灯进行组合控制，达到不同的效果；区域控制，对大会议室、宴会厅等进行区域控制。

机房所有的子系统都是相辅相成的，一个完整的机房建设可以设计多个系统，图6－6是某酒店的机房建设系统。

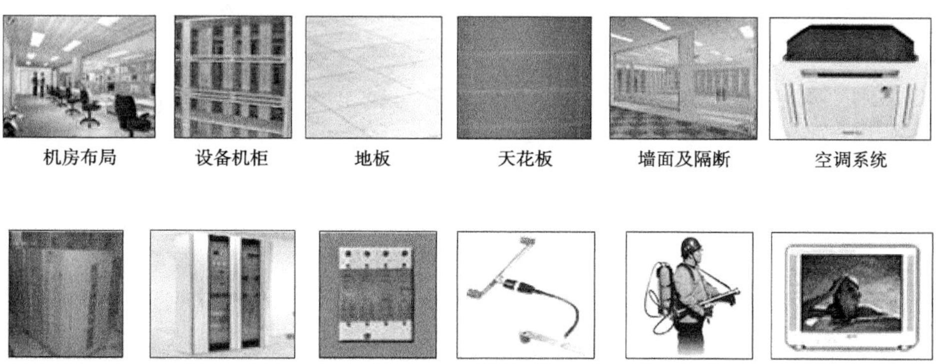

机房布局　设备机柜　地板　天花板　墙面及隔断　空调系统

UPS（不间断电源）系统　配电系统　防雷系统　接地系统　消防系统　机房监控系统

图6－6　某酒店的机房建设系统

每个系统都很重要，但机房设计时容易忽视UPS系统和防雷、接地系统。

6.2.5 面向酒店后台管理

面向酒店后台管理需要建立下面一些系统。

系统一：酒店自控系统。

所谓酒店自控指的是，利用自动化控制系统对酒店内各种设备进行控制，对酒店的运行状态进行监控与调节。近几年来，随着酒店设计理念、功能上的巨大发展以及自动化技术不断革新，酒店自控领域的发展也大大提速，不管是功能，还是需求，酒店自控都表现出了新趋势。

（1）功能多样化，寻求开放性和可扩展性。

（2）不同种类的酒店，对自控功能、效果等需求是不同的，要努力提高酒店自控系统的开放性与可扩展性。

（3）太阳能采集、安全保卫、客房远程抄表、建筑内网络控制、室内灯光模式调节等各子系统都纳入酒店自控范畴。与之关联的自动化产品，如控制器、温湿度传感器、变频器、运动控制器、智能传感器网络、无线通信、专用以太网、组态软件、数据分析系统等，无论是种类，还是功能，都要实现创新。

（4）提升酒店能耗控制。不仅要将节能要求体现在酒店自控系统设计的出发点上，还要有效地掌握和计量节能效果。另外，还要让整个节能过程更加智能化，将数据分析、自动决策等技术与人工控制有效结合在一起，为节能提供更加实际的依据。

（5）符合楼宇自控朝规范化、标准化发展要求，坚持按照《建筑设备监控系统工程技术规范》对酒店设备监控系统的规划设计、安装调试、检测验收、维护管理、节能降耗等环节进行统一规范，使系统的建设、管理、运行更加规范，实现舒适、高效、节能、环保等效果。

系统二：闭路电视监控系统。

闭路电视监控系统由前端摄像机、同轴电缆、矩阵主机、数字硬盘录像机、监视器墙等组成，会对酒店的主要出入口、公共区域及走廊、主要通道口、停车场、电梯轿厢及大楼周边进行监控。

建设闭路电视监控系统的总体思路是：将其设立在酒店一层的消防控制中心；建设成一个数字型彩色闭路监控系统；前端布点要合理，实现全面监视管理，重要防范首层及客房楼层；前端摄像机的选择要跟现场装饰协调；将数字硬盘录像机用作监控录像管理主机，录像时间不少于一个月；为了增强观感效果，设立电视组合墙作为显示终端；配置一台报警管理主机，对报警点进行集中管理，同时预留 110 报警中心接口。

系统三：安全防范系统。

此系统主要包括巡更系统、煤气泄漏报警系统、电气火灾监控探测系统等。

6.2.6 面向酒店运营管理

要想提高酒店管理效果、方便酒店的日常运行，就要确立良好的酒店管理系统。

进行酒店管理系统设计，要量体裁衣，选择适合酒店的酒店管理系统。目前，酒店管理系统要支持多语种，其中中文、英文、日文是最基本的，要为不同语种的宾客提供不同语种的支持。

好的酒店管理系统供应商会积极地研究酒店业务及管理理论，积极展开新产品技术开发和前期技术活动并将先进的酒店管理理念及运行流程引入酒店管理系统解决方案中；同时，针对酒店的具体情况，供应商还会灵活地对宾客进行宾客化定制，设计出符合酒店实际情况的管理系统，满足酒店和宾客的需求。

根据酒店的规模和市场发展趋势，需要设置如下几个管理系统。

系统一：前台管理系统。

前台管理系统为酒店管理层和员工提供了全方位系统工具，可以快捷高效地处理宾客预订、入住退房、房间分配、房内设施管理、入住宾客膳宿等问题以及账户账单管理等日常工作。

其主要内容包括前台预订系统、前台接待系统、前台收银系统、前台夜审系统、报表管理系统、前台查询系统、前台销售统计系统、前台管家系统、客房钥匙系统、身份证识别扫描系统、工程管理系统、预订系统和宾客信息管理系统等。

系统二：接口管理系统。

接口管理系统主要包括电话计费系统接口、宽带计费系统接口、餐厅系统接口、公安局宾客资料传送接口、客房钥匙系统接口、财务系统接口、卡拉 OK 系统接口、小酒吧系统接口、会议管理系统接口、信用卡系统接口、语音邮件接口、收益管理系统接口、房控系统、电视及音响娱乐接口、电子锁系统接口、保险箱系统接口、叫醒服务等。

系统三：电话、宽带计费系统。

（1）电话计费系统。电话计费系统可以提供多种类别的统计报表，既可以按宾客、指定电话、时间、话类（国际长途、国内长途、特殊市话、本地网话、普通市话、宽带等）进行分类统计，也可以实现同类宾客、房中房宾客、多个宾客同时统计。

（2）宽带计费系统。宽带计费系统的要求：提供标准的数据库接口，将其融合到酒店的 PMS（物业管理系统）中，统一开户、销户和结账，在一定程度上简化酒店的管理流程。

系统四：中央预订系统。

该系统的建设可以与酒店的网站系统同步进行，然后逐步完善，具体内容如下。

（1）全兼容主流技术。符合行业统一规范，支持业内所有渠道的技术对接。

（2）管理系统接口。提供统一的资源管理，先进的日常旅客管理，创新收益管理。

（3）完全实时的一体化管理。实时管理单体酒店的房态和价格，加强对网站、分销商的实时管理。

系统五：客户关系管理系统。

客户关系管理是一个全新的以宾客作为中心的商业模式，其优势主要体现在：①以宾客为管理中心，围绕酒店的经营策略、渠道战略、价格战略、营销战略等进行，可以降低成本、提高效益，帮助酒店实现极佳收益；②可以详细记录宾客的个性化需求，为宾客提供个性化服务；③对预订趋势、宾客来源、嗜好习惯、不满投诉等进行分析，提高服务质量；④拥有独特的宾客管理功能，可以按照最近消费日、消费频率、消费金额、每次消费单价、住宿数等标准对宾客进行分类管理，分析并制成报表，掌握宾客忠诚度，供营销部使用。

客户关系管理系统可以降低成本、提高宾客的满意度、增加利润率，其具体内容如图 6－7 所示。

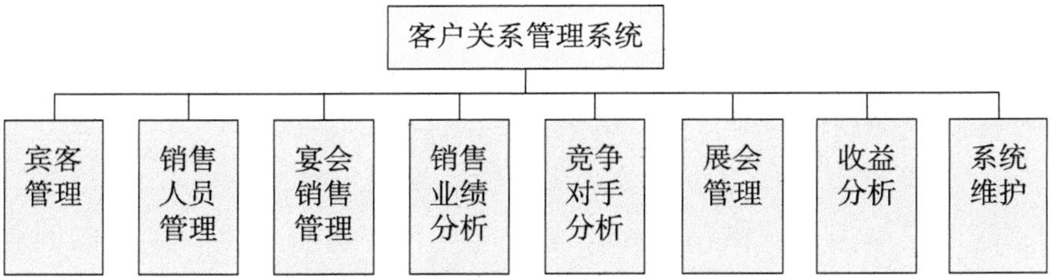

图 6－7　酒店客户关系管理系统

系统六：宾客忠诚度管理系统。

宾客忠诚度管理系统，是酒店实现宾客忠诚度计划的管理系统，可以将宾客忠诚度管理提升为会员管理模式。根据酒店需求的不同，可以将该系统分为两个子系统，如表 6－2 所示。

表 6－2　　宾客忠诚度管理系统

子系统	说　明
酒店忠诚度计划管理	目前，酒店的宾客忠诚度管理，无论是国内还是国外，都是由会员制度设计的合理性、流程管理的严格性来决定最终成败的。要设计一套涉及流程设置、数据处理、会员自助等环节的软件系统，实现与酒店 PMS 系统无缝连接，实现数据的自动采集和计算，使酒店会员管理中心从繁重的数据统计中解放出来
酒店订房人俱乐部会员管理	酒店订房人俱乐部是一种类似秘书俱乐部的组织形式，其管理宾客忠诚度的方式是：给为酒店带来客房、宴会等资源的个人积分奖励。通常，积分奖励可以兑换酒店服务

系统七：餐饮管理系统。

酒店餐饮管理系统包括厨房打印系统、触摸屏点菜系统、落单收银 POS 系统、餐饮查询系统（后台管理）、宴会（含会议）预订系统等子系统，酒店通过这些子系统管理整个餐饮区。

（1）厨房打印系统。在厨房设置厨房打印机，可以减少人工跑单时间，提高出菜的速度，从而提高餐饮服务的质量。厨房打印系统采用多线程处理方式，支持遇忙、遇故障转移，可以轻松应付数十台打印机。

（2）触摸屏点菜系统。在宴会厅、中餐厅、自助餐厅等都要设置独立的触摸屏点菜系统。当然，在设立收银系统的同时，还可以加载运行其他软件，比如使用触摸屏点菜系统，提高出菜速度。

（3）落单收银 POS 系统。该系统易学、易用、易维护，有着友好的宾客界面，既可以与闪付、微信支付、支付宝支付等进行对接，也可以同美团、大众点评、携程等对接。使用该系统可以令员工节省出更多的时间和精力，将注意力集中在对客服务上。

（4）餐饮查询系统。该系统既能满足管理者对酒店的管理需求，又可以对餐饮各经营场所的品种进行统计分析；既能提供开放的自由窗口，方便管理者进行报表编辑，又能提供一个酒店成本控制管理系统接口。

（5）宴会预订系统。有了宴会预订系统，只用一张宴会预订单，就可以综合处理厅房预订、宴会订菜、会议场地预订、场地布置、特殊要求、用车安排、代客泊车、代驾等预订要求。

系统八：财务管理系统。

财务管理系统能提供强大的报表工具和分析工具，能对所有的运营信息进行即时访问，方便财务部门正确决策，真正实现战略型财务管理并为酒店带来一定的战略价值。此系统主要包括总账系统、应收/应付系统、每日收入系统、成本控制系统、采购管理系统、固定资产管理系统、报表管理系统等。

系统九：人力资源管理系统。

人力资源管理系统可以为酒店的人力资源、考勤、薪资等提供全方位、整体化的解决方案。人力资源管理系统的建立需要明确以下内容。

（1）提供全面的人事管理信息。将人事信息录入计算机，如果想了解相关信息，只要进入该系统，就可以随时随地获取，比如员工血型、星座、身高、学历、专业、喜好、生日等个人资料；合同期、试用期、外方就业、居留、签证、薪酬福利、假期、社会保险、培训、奖惩、职业规划等在店人事信息。对各类资料进行计算机归档管理，就可以形成一个强大的中央数据库。

（2）提供灵活自如的工资计算。将考勤、请假与工资实现连接，让工资计算设置得灵活而开放；按照国家法律灵活地计算员工加班费、补贴、年假、产假、事假等；让人员变动、工资变动与人事变动保持同步；计算个人所得税，处理各种个税算法；灵活比较和分析工资差异，提供工资总账凭证。

系统十：自动化办公管理系统。

所谓自动化办公，就是用网络和OA（“Office Automation”，办公自动化）软件构建一个酒店内部的办公通信平台，用来辅助办公。自动化办公管理系统可以完成酒店内部的邮件通信、信息发布、文档管理、工作流程自动化等工作。无纸化办公解决方案合乎环保理念，可以提高沟通效率、节省开支。

系统十一：网站建设系统。

如果想做好对外宣传，就要建立一套网站系统。该网站系统包括基本参数设置模块、文章发布模块、新闻发布模块、图片发布模块、网站专题管理模块、广告发布模块、公告发布模块、调查发布模块、人事招聘模块、友情链接管理模块、数据维护模块、网站统计模块、预订模块、宾客点评模块、后台管理模块、其他功能模块、邮件系统功能、网站域名等。网站建设系统与酒店的信息发布系统要留有接口。

系统十二：微信公众号系统。

在初期系统建设时，要设计酒店的微信公众号，酒店微信公众号通常分为服务号、订阅号。同时，还要对酒店的微信公众号进行二次开发。

酒店的微信公众号设计需要以下模块：探索模块、预订模块、促销模块。其中，探索模块含酒店探索、品牌故事、服务导航等；预订模块含客房预订、套餐预订、美食预订、休闲娱乐、会议及婚宴预订、季节产品预订等；促销模块含限时促销、产品特惠、在线商城、客服在线、会员中心等。

7
酒店服务设计应注意的细节

这是一个服务制胜的时代，离开服务，酒店的经营就会举步维艰。即使酒店为宾客提供的产品再好，服务质量上不去，也是白搭。运营不佳的酒店，问题多半出在服务上。酒店服务设计要重视服务创意设计、服务产品设计、服务流程设计和宾客维系设计等方面。

7.1 服务创意设计

建造一家功能布局合理、设备配置完善、服务项目齐全、装修富有特色的酒店，离不开精心的设计。可是，酒店服务是否需要设计，一直以来都颇有争议：一些人认为，没必要进行服务设计，只要按照星级标准要求去做就行；另一些人认为，有必要进行服务设计，没有好的服务设计，就不会为宾客提供优质的服务……笔者认为，好的服务是需要设计的。服务质量会在设计中提升，服务项目会在设计中创新。

7.1.1 阻碍服务设计的错误思维

如今，重视服务设计的酒店越来越多，许多酒店也已不知不觉地开始进行服务设计，并且收到了良好效果。可是，仍然有些错误思维阻碍了酒店服务设计开展和深入。酒店在进行服务设计的时候，必须摒弃这些错误思维的影响，努力树立新思维。

概括起来，影响酒店服务设计的错误思维，共有下面三种。

错误思维一：一贯的做法都是正确的。

美国一位科学家曾经在海洋馆里做过这样一个实验。

科学家取来一块玻璃板，将一条攻击性很强的大鲨鱼和一条小鱼隔开。开始的时候，为了捕食隔壁的小鱼，鲨鱼不停地撞击玻璃。可是，玻璃隔板太坚硬，无论怎么撞，玻璃隔板都毫无变化。攻击了一段时间后，鲨鱼不得不放弃。之后，科学家趁鲨鱼不注意的时候，将隔板悄悄地移开。结果，令人意想不到的是，鲨鱼再也没有攻击过小鱼。它们温和地在各自的领域活动，互不侵犯。

鲨鱼的故事告诉我们，固化了的“经验”很可怕，它很好地说明了思维惯性的弊端。

所谓思维惯性，其实就是我们常说的思维定式，人一旦形成思维定式，就会顺着定式的思维思考问题，不愿转个方向，不愿换个角度。出现“鲨鱼不攻击”的现象，主要原因就在于鲨鱼思维僵化，习惯按照惯性思维做事，不懂变通，不能随着条件的改变而改变。其实，“鲨鱼不攻击”的现象在酒店管理中也经常出现。客源发生了变化，酒店环境也不同以往，但酒店管理者却依然在使用过去的老方法，因循原有的规则，甚至习以为常、连个“为什么”都不问。这种思维对酒店的经营有百害而无一利。

一次，笔者与一家四星级酒店的房务总监有过这样一段对话：“你们酒店的客房一共摆设几种拖鞋?”对方不假思索地回答：“一种。”之后，他便给笔者介绍酒店的拖鞋质量多么好、多么防滑。

笔者提示他说：“各房间的拖鞋是不是要有所区别?”他突然察觉到了什么，急忙解释说：“可以使用两种颜色的拖鞋。”

笔者继续提问：“如果是女士或儿童入住，怎么办？能不能根据他们的特点摆放一些比较小的、更符合他们使用习惯的拖鞋?”总监点点头，表示肯定。

其实，酒店配备同种类型的拖鞋也是管理标准化的要求。在星级标准刚引入我国时，急需解决的问题是标准不统一。可是，如今的客源市场已经发生了巨大变化，为了获得发展，酒店就要将“定制化、个性化服务”作为日常服务追求的目标；不仅要加大硬件的改造投入，还要重视“小小的拖鞋”。

错误思维二：经验告诉我们的都是正确的。

有一年，一个登山队来到喜马拉雅山。为了减少意外，他们做了充分准备，食品、药品等一应俱全。

在他们将要上山的时候，一位专家提醒道：“越往高攀登，温度越低，燃气炉的喷嘴很容易堵塞，必须借助钢针，才能解决这个问题，最好多带几根钢针。”可是，没有人听他的。因为，按照经验，其他人都认为，只要带一根钢针就足够了，何必多此一举。

登到半山腰时，燃气炉果然堵塞了。带着钢针的人拿出钢针，但是由于天气太冷，钢针变得很脆，一不小心崩断了。没有食物，整个登山队都留在了那里，没有人从山上走下来。

经验确实很重要，但不能完全依赖经验。经验不足或经验过多都会造成无法挽回的损失，所以要相信事实，多做准备，绝不能偏信所谓的经验。

登山队为何没有从山上下来？因为他们机械地套用了经验。同样，在酒店管理中，迷信经验的现象也非常普遍。比如，很多酒店都会在包间的转盘上摆放鲜花，但这样做却有很多缺点，比如鲜花摆放时间不长，造成浪费，成本较高；特点不明确，很难给宾客留下深刻印象；有些宾客对花粉过敏，影响宾客就餐。更严重的是，如果花中藏匿有小飞虫，宾客吃饭时，看到飞虫从花中飞出，会怎么想？

错误思维三：酒店管理不太关注小细节。

如今，酒店行业都在提倡无烟房，那么究竟什么样的房间是无烟房呢？为了切身感受无烟房，笔者曾到一家五星级酒店预订了一间无烟房。结果，踏入客房后，笔者一眼就看到了摆放在咖啡桌上的烟灰缸，而且房间内还有明显的烟味。

笔者打电话投诉，一位房务员来到房间，直接走向咖啡桌，拿起烟灰缸就走。笔者惊讶地问："这是无烟房了？"他回答："是的。我们做无烟处理时忘拿走烟灰缸了。"

笔者问："你们是怎么做无烟处理的？"他说是其他同事做的，他不清楚，之后，便离开了。

这并不是一个特例，很多酒店都是如此，虽然也提倡无烟房，但没有书面的程序和标准，大多停留在口头上；有些人甚至还以"有这种需求的宾客不多"为由，掩盖工作上的缺失。其实，关于无烟房，完全可以执行这样一套标准：服务员进行无烟处理时，要开窗通风；烟味很容易吸附在棉织品上，要将客房的窗帘、枕芯、被芯等进行更换或洗涤；在宾客允许的条件下，要对客房地毯进行清洗；使用空气净化器或空气除臭剂，对房间内的空气进一步净化除味；撤除客房内的烟灰缸、火柴等，放置无烟客房的提示卡；在客房的茶几上放置适量糖果，表示对不吸烟宾客的感谢；在卫生间和客房书桌上，摆放可以净化室内空气的绿色植物，改善客房空气质量；在客房的门把手上悬挂临时绿色无烟客房标志，让宾客一到门前就知道酒店给他准备的是无烟房，同时也能起到提醒访客的作用。

受到以上三种错误思维的影响，国内酒店服务自然就出现了同质化、粗放式的倾向，服务难以创新、难以形成差异化。因此，要想提高酒店的服务质量，就要消除这些错误思维。

7.1.2 服务设计应有的策略

如今为了提高服务水平，很多酒店虽然已经采用了比较成熟的管理体系和管理手段，比如有些酒店在认真执行星级酒店评定标准的同时，还应用了ISO 9000 质量管理体系等一系列管理措施和手段。但是，这些管理体系却受到了酒店各方面条件的限制，比如跟酒店不密切、缺乏针对性等。笔者认为，如果想设计好自己的服务体系，就要坚持自己的策略。

策略一：精益求精。

所谓精益求精，这里指的是产品精雕细刻、服务精心设计、环境精心营造，如图 7 –1 所示。

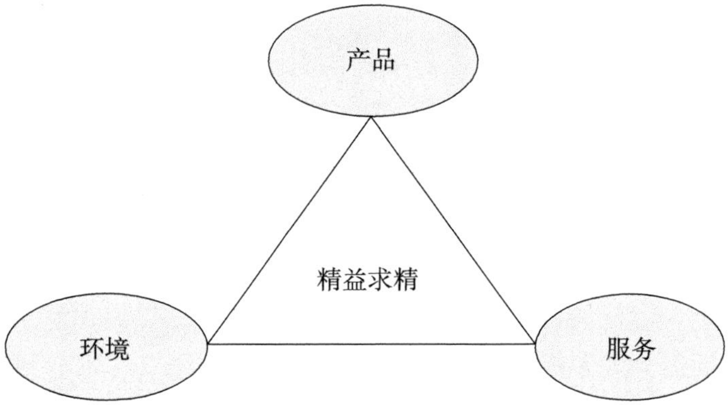

图 7 –1　酒店服务设计的原则

（1）产品精雕细刻。对于酒店来说，优质产品是赢得市场竞争的关键。要想做好酒店产品设计，酒店管理者就一定要正确理解酒店产品。

①对症下药是产品设计的出发点。根据马斯洛需求层次理论，宾客在酒店消费时，除了生理和安全的需要外，还期望受到酒店员工的欢迎，被重视、被尊重、被理解、被称赞。宾客需求有着一定的差异和变化，酒店不按照宾客的喜好和需要设计产品，即使产品质量不错，也会让他们感到不满或者遭到严重投诉。

②重视宾客核心需求，提高产品的内涵。酒店的核心产品是住宿和餐饮，住宿的核心产品是床，餐饮的核心产品是菜品。酒店管理者要重视宾客在店消费的核心需求。核心需求得不到满足，宾客就会抱怨和投诉；满足了他们

的核心需求，宾客就会对酒店产生好印象。在满足宾客核心需求的基础上，如果还能增加产品附加值，宾客就会感到异常惊喜，甚至会有些感动。如此，酒店就可以将宾客变成回头客，培养大量的忠诚客户了。

③餐饮的竞争在很大程度上就是原料的竞争。掌握独特的原料就是差异化战略的具体表现。餐饮如此，住宿也是这样。我们经常赞叹国际品牌豪华的装修，其实它们在自己的核心产品比如客房的床上也下了很大工夫。它们绝对不会像国内很多酒店一样，从市场上采购一些成品的床垫，而是会研究开发出适合自己客源市场的睡眠产品。

④酒店出售的是完整产品，而非产品的某一个层面。只有将各层面都做好，才能打造出优质产品。比如，宾客在餐厅用餐，本来菜品非常精致可口，突然从餐厅外飞入一只苍蝇，宾客就会对酒店的产品给出差评，这甚至会影响到宾客对核心产品的评价。所以，在日常管理中，要强调“100 个环节好，有 1 个环节不好就是不好”的理念，对产品精雕细刻。

⑤做好酒店产品的核心。酒店产品的核心就是让宾客真正消费的理由。如果将满足宾客的核心需求看作“雪中送炭”，那么优质的服务、优雅的环境最多也只是“锦上添花”。没有“锦”，“花”往哪里添？所以，酒店管理者一定要把握“质量是酒店的生命”等核心，提高酒店产品质量，努力满足宾客的核心需求。

⑥其他层面是创新和提升空间。酒店管理者经常要面对硬件老化却没有到装修改造期的困境，为了提高宾客满意度，完全可以提高其他层面的价值。比如，如果无法对客房硬件进行改造和提升，就可以在早餐上多用点心思，努力为宾客提供有特色的营养早餐；如果酒店的空调效果不佳，可以给宾客配送一些免费冰冻饮料等，向宾客表示歉意。

（2）服务精心设计。优秀的酒店一般都非常重视宾客的想法和感受。当然，优质服务也是以取得合理的利润为前提的，并不是无条件地满足宾客，而是酒店通过“满意＋惊喜”的服务，让宾客感觉酒店提供了超值服务，从而达到好的体验，继而获取超值利润。

通常，服务的好坏都是相对宾客对服务的期待而言的。如果宾客得到的服务低于自己的期待，就会觉得服务差；反之，就会觉得服务好。酒店服务设计主要包括下面几个层面：服务项目要到位、服务时间要合理、服务程序要科学、服务方式要恰当、服务标准要适度、员工的服务技能要熟练、服务过程中要讲故事、给宾客以身临其境之感。

（3）环境精心营造。环境是酒店产品的重要组成部分，缺少了环境的烘托，有些产品和服务的效果就很难发挥出来，比如，最近几年流行的主题酒店，很多就是通过塑造一定的场景和氛围区别于其他酒店的。

澳门威尼斯人度假村酒店将威尼斯风情和著名运河延伸到酒店内，游客乘坐贡多拉船，就可以在酒店的商店长廊中泛舟徜徉。不仅可以看到两边分布的民居、街巷、商铺、餐馆等，还可以欣赏到描绘着蓝天白云、变化异常的商业区穹顶。这种高投入、大手笔，让很多酒店望尘莫及。

策略二：要“更好一点”。

酒店服务和产品没有最好只有更好，怎样才能做得更好？要按照“三个好一点”来实施。

（1）比竞争对手好一点。如今，宾客需求不断提高，竞争对手的服务水平也在不断提升，要想赢得更多的宾客，就要不断提高自己的服务水平，否则只能等着关门。对方做不到、你能做到，你就成功了。

（2）比宾客的期望值好一点。如果想让宾客感动、提高宾客的忠诚度，酒店为宾客提供的服务一定要超过宾客的期望值，努力做到：宾客没有想到的，你为宾客想到、做到了；宾客觉得你做不到的，你为宾客做到了；宾客觉得你做得不错的，你可以做得更好。只有这样，才能打造出独具特色的服务魅力。

（3）让自己比过去好一点。由于自身硬件和管理思路等因素的影响，酒店在产品和服务上多半会存在这样或者那样的问题。只有主动发现问题，把问题当机会，采取有效措施，不断改进和弥补，才能在竞争中占据有利位置。

7.1.3 度假酒店服务设计应注意的细节

宾客出来度假，多半都是为了“充电”。度假和出差不同，度假容易对目的地提出更高的期许。因此，度假酒店服务产品的设计就显得格外重要。

在设计度假酒店服务内容的时候，要注意八个细节，如图7－2所示。

细节一：延长早餐时间。

延长早餐时间是度假酒店的第一要求。休假的第一享受就是不用每天在

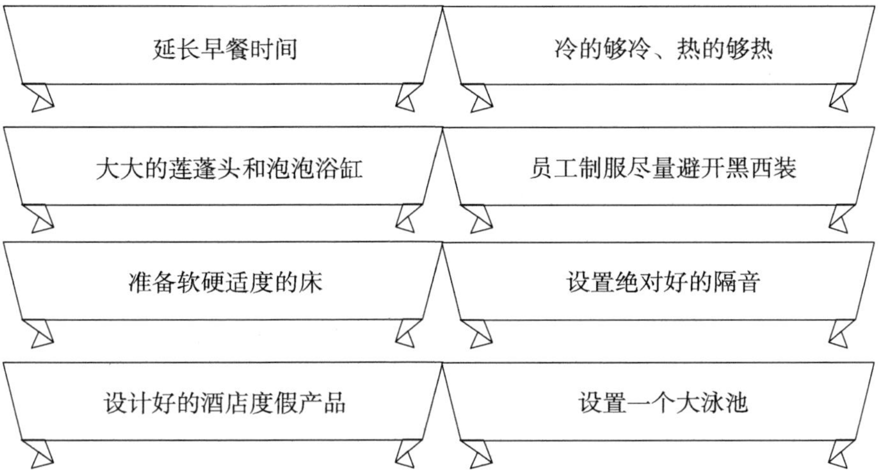

图 7－2　度假酒店服务设计应注意的细节

早晨被万恶的闹钟吵醒，可以睡到自然醒。自然醒通常都会延误了正常的早餐时间。宾客匆忙赶到餐厅，结果却看到服务人员正在收拾早餐现场，结果会如何？因此，为了满足宾客需要，就要尽量延长早餐时间，将酒店的早餐开到 10 点、11 点，如此，酒店会成为宾客的首选。

细节二：冷的够冷、热的够热。

在海边度假，最开心的就是感受到大堂里面清新的空气，还有缓缓摇曳的木质风扇，清凉的同时，还会让人想起《情人》午后的爱情。入住滑雪区的酒店，大火熊熊燃烧的壁炉、洗手间的热地板都会令人为之一振，这才是真正体贴的细节。因此，要想提高宾客满意度，就要冷的够冷、热的够热。

细节三：大大的莲蓬头和泡泡浴缸。

洗澡是度假的重要一环，不管是海边晒太阳、山区徒步还是滑雪，洗澡的意义都不仅是清洗，还是一种享受。所以，为了满足宾客的不同需要，最好分开两间浴室：一边准备一个直径超过 20 厘米的莲蓬头，不仅可以让宾客将海边带来的沙、林里带来的草冲洗干净，还会给宾客带来愉悦心情。另一边准备一个大浴缸，提供浴盐和精油，宾客回来洗澡时就可以让身心松弛下来。

细节四：员工制服尽量避开黑西装。

在度假酒店，员工制服的设计最好考虑度假的特性。游客喜欢的度假酒店通常都能从头到脚给人度假酒店的感觉。突然看到一两个“西装客”，会把人瞬间拉回朝九晚五的办公室。海南岛的岛服就很适合度假酒店的制服，会让宾客感觉非常舒服。

细节五：准备软硬适度的床。

高低适度的枕头，一张舒服的大床，是对度假酒店的最低要求。如此，经过彻夜狂欢，即使睡得晚一些，也不会感到疲累；睡得时间长，也不会觉得腰酸背痛。

细节六：设置绝对好的隔音。

在最好的季节入住最好的度假酒店的，一般都是蜜月旅行的。隔音效果自然也就显得非常重要了。来这里度蜜月的宾客，可能对这一点不太在意；但如果你是来度假的，而隔壁的人则是来度蜜月的，效果会如何？所以，一定要设置绝好的隔音效果。

细节七：设计好的酒店度假产品。

酒店度假产品的设计不仅要考虑到大人，更要考虑到孩子。通常情况下，大人度假时都会带上孩子。因此，针对儿童产品的设计对于度假产品来说更为重要。

做酒店度假产品设计，在考虑吃、住的情况下，还要考虑玩，考虑亲子产品的设计。只有照顾好孩子，才能让度假变得轻松愉快。设计度假产品时，要考虑儿童俱乐部的设计、儿童房的设计、儿童餐的设计；在设计儿童房时，要准备好儿童拖鞋、牙刷、毛巾、儿童浴袍、卡通玩具等儿童用品。

细节八：设置一个大泳池。

不管宾客是否游泳，美丽的泳池都是度假酒店不可或缺的。对于度假酒店来说，泳池的设计需要独具特色。比如设计泳池时，要将泳池和大海自然地连成一片，让宾客在泳池里感受到大海般的体验，感受水天一色的风景。某度假酒店的池畔房就可以从房间直接到泳池。

7.2 服务产品设计

酒店服务产品是指酒店为了满足宾客需要提供的各项服务。同一种服务产品，质量特征的水平不同，其适应性即满足宾客需要的程度也不尽相同。

因此，酒店服务产品能否满足宾客的物质和精神需要以及满足的程度如何，就是衡量酒店服务产品优劣的主要标志。

7.2.1 有形产品和无形产品的设计

酒店服务产品一共有两种，一种是有形产品，另一种是无形产品。不同的产品设计要点也不同。

要点一：有形产品的设计。

酒店的有形产品包括设施设备、实物产品和服务环境，具体设计要求如下。

（1）设施设备。酒店都是凭借自己的设施设备来为宾客提供服务的，设施设备是酒店赖以生存的基础，是酒店劳务服务的依靠。设施设备的质量既是服务质量的基础和重要组成部分，又是酒店服务质量高低的决定性因素之一，因此一定要重视设施设备的设计。

概括起来，酒店设施设备分为客用设施设备和供应用设施设备。

①客用设施设备的类型及质量标准。客用设施设备也叫前台设施设备，指的是直接供宾客使用的设施设备，比如客房设备、康乐设施等。衡量这类设施设备质量的标准是：设置科学、结构合理、配套齐全、舒适美观、操作简单、使用安全、完好无损、性能良好。

②供应用设施设备的类型及质量标准。供应用设施设备是指酒店经营不用直接跟宾客见面的生产性设施设备，比如锅炉设备、制冷供暖设备、厨房设备等。衡量这类设施设备质量的标准是安全运行、保证供应。只有保证设施设备的质量，才能为宾客提供多方面的舒适服务，提高酒店的声誉和影响力。

（2）实物产品。实物产品质量是满足宾客物质消费需要的直接体现，是酒店服务质量的重要内容，主要包括菜点酒水质量、商品质量、服务用品质量、客用品质量，具体细节如表 7－1 所示。

（3）服务环境。上述因素融合到一起，就构成了酒店特有的环境氛围，酒店的服务环境不仅可以很好地满足宾客物质方面的需求，而且能满足其精神方面的需求。

表 7-1　　　　酒店实物产品的具体要求

	具体要求
菜点酒水	饮食产品是直接供宾客享用的，质量高低取决于烹饪制作水平、原材料质量和管理水平等多种因素。为宾客提供的菜点要物美价廉，色、香、味、形俱佳，清洁卫生，新鲜可口。菜点酒水质量差，服务态度再好，宾客也不会满意。从这个意义上来说，饮食质量在酒店管理上至关重要
商品	现代酒店都设有商品部门，主要用来销售实物商品，取得经济收入，同时满足宾客需要。商品选择的要求是：产品名优、质量上乘、美观大方、经济实用、品种齐全、价格合理
服务用品	酒店要给服务人员提供各种工作用品，比如客房部的清洁剂、餐饮部的托盘等。服务用品是提高劳动效率、满足宾客需要的前提，也是提供优质服务的必要条件。服务用品的质量要求是：品种齐全、数量充裕、性能优良、使用方便、安全卫生等
客用品	客用品是指酒店直接供宾客消费的各种生活用品，包括一次性消耗品和多次性消耗品。前者如牙具、牙膏等，后者如棉织品、餐酒具等。客用品质量应与酒店星级相适应，不能为宾客提供质量低劣的客用品

通常，对服务环境的要求是：整洁、美观、有序和安全。此外，高星级酒店还要充分体现出一种带有鲜明个性的文化品位。

要点二：无形产品的设计。

无形产品质量也就是劳务服务质量，是酒店产品质量中十分重要的内容之一。它指的是以设施设备和实物产品为依托，为宾客提供在使用价值方面适合和满足需要的服务过程，其主要内容包括下面几项。

（1）礼貌礼节。酒店工作人员的礼仪不仅体现了酒店的精神风貌，更是员工对宾客基本态度的反映。要对工作人员严格要求，比如仪容端庄、语言谈吐文雅、行为举止得体等。

（2）职业道德。所谓职业道德指的是人们在一定的职业活动范围内所遵守的行为规范。对于酒店来说，工作人员的职业道德要求有：热情友好，宾客至上；文明礼貌，优质服务；不卑不亢，一视同仁；团结协作，顾全大局；

遵纪守法，廉洁奉公；钻研业务，提高技能。

（3）服务态度。所谓服务态度指的是酒店服务人员在为宾客服务过程中表现出来的主观意向和心理状态，其好坏取决于员工的主动性、创造性、积极性、责任感和素质高低。具体要求是主动、热情、耐心、周到、具有“宾客至上”的服务意识，一定要让员工将这些内容都记在心里。

（4）服务技能。服务技能是指酒店服务人员在提供服务时使用的技巧和能力，其高低取决于服务人员的专业知识水平和操作技术水平。因此，要对员工提高要求，要求他们掌握丰富的专业知识、具备娴熟的操作技术、能根据具体情况灵活运用、提高艺术性、给宾客带来美感。

（5）服务效率。服务效率指的是员工在其服务过程中对时间概念和工作节奏的把握。根据宾客的实际需要，让员工灵活地掌握服务效率，当宾客最需要某项服务时，要在第一时间为他们提供这项服务。

（6）安全卫生。安全是宾客外出旅游时考虑的首要问题，宾客入住酒店，酒店必须保障宾客的安全。同时，酒店的卫生状况直接影响着宾客的身心健康，是优质服务的基本要求，所以一定要重视安全卫生管理。

7.2.2 服务产品的设计

酒店收益管理指的是把正确的产品（或服务）、在正确的时间、以正确的价格，通过正确的销售渠道，出售给正确的宾客，最终实现酒店收益最大化。它主要涵盖了五大基本要素：产品、时间、价格、渠道和宾客，第一个要素就是产品，可见其重要性。

酒店产品通常可以分为五个层次：核心产品、形式产品、期望产品、延伸产品和潜在产品，对于服务产品的设计，就要侧重这几方面，如表 7 – 2 所示。

那么，从酒店收益管理角度看，应该如何来设计酒店的产品呢？

方法一：核心产品与形式产品要个性化。

在设计核心产品和形式产品时，要坚持一个理念，那就是个性化，因为这是一个追求个性化的时代。例如，根据前期市场定位及客源结构，可以将客房设置为单人房、标准房、大床房、套房；从个性化需求角度可以将客房设置为豪华房、商务房、观景房、家庭房、安静房、女士房、儿童房、主题

表 7－2　　　　酒店产品的五个层次

产品层次	说　明
核心产品	核心产品是宾客在购买酒店产品时所获得的基本利益，也是酒店产品中最基本和最主要的组成部分。客房和餐饮就是核心产品，宾客租住客房是为了休息和睡眠，购买餐饮产品是为了满足生理需求
形式产品	形式产品指的是核心产品借以实现的形式，是酒店产品的有形物体和无形服务构成的整体形象，例如酒店的外观建筑、地点位置、各类客房、各种风味的餐厅、大小会议室和服务质量等。酒店产品的基本效用必须通过具体形式产品来实现，在设计形式产品时，要以酒店的核心产品为导向
期望产品	期望产品指的是宾客在购买酒店产品时产生的各种期望，比如期望环境舒适安全、房间清洁卫生、菜肴美味可口、受人尊重等
延伸产品	延伸产品是指宾客购买酒店产品时同时获得的全部附加服务和利益，一般是指酒店辅助配套设施，例如智能化服务、免费 Wi-Fi（无线宽带）、一卡通服务、康乐设施、免费停车场等
潜在产品	指酒店为宾客提供的个性化服务，可以满足宾客的特殊需求

房、民族特色房、无烟房等。设置个性化产品，将个性化产品出售给有个性化需求的宾客，就可以有效提高酒店的盈利能力。

方法二：重视期望产品的设计与开发。

社会文明发展到今天，消费者已经不再满足于物质需求，他们的注意力已经逐渐转移到精神层面，如此宾客对酒店提供的产品的满意程度也就成了衡量酒店产品质量的主要标准。例如，有的宾客下榻酒店，其要求已不仅是服务员的微笑和问候，更重视酒店的文化氛围、环境是否舒适、能否受到他人尊重、能否感受到体贴与关怀等。

方法三：延伸产品的设置应符合时代发展需求。

随着互联网应用普及和电子商务迅猛发展，手机不再是简单的通话工具，而是消费者的掌上电脑，更是消费者生活的重要组成部分。使用手机客户端或微信预订酒店产品的人越来越多。手机操作简单，可移动、灵活方便，受到消费者的青睐。酒店全智能化和免费 Wi-Fi 环境等延伸产品的开发已显得日趋重要，要想实现酒店收益最大化，酒店管理者就要充分考虑到消费者对环境的需求，创造良好的宾客体验。

方法四：满足宾客需求，产品多样化。

无论是五星级酒店，还是经济型酒店，都需要招徕不同层次的宾客，酒店产品的设计也要满足多个细分市场的需求，不能只满足塔尖的少数客源。

产品档次多样化既能满足特殊宾客的需求，又能吸引大众客源，这就为酒店实行升档销售提供了条件。例如酒店不仅要铺设普通大床间，还要设置豪华大床间，这样就为升档销售提供了条件。

方法五：充分利用品牌文化来设计产品。

品牌文化蕴藏着产品价值，如果酒店使用的是知名品牌，在产品设计时就要充分融入品牌的文化理念，推出差异化产品。不能仅从营销的角度去打概念，要让宾客真正感受到知名品牌的价值所在。

7.3 服务流程设计

进行酒店服务设计时，为了提高宾客的满意度，提高员工解决问题的速度，可以设计一套服务流程，让员工在第一时间快速解决宾客提出的问题，提高宾客的满意度。

7.3.1 保安服务流程

保安在酒店发挥的主要作用是安保，其服务流程如下。

流程一：值岗。

保安要用标准姿态站在停车场的指定位置，用目光环视周围，注意来往车辆的动向。一旦看到来店的车辆和宾客，就要立刻迎上去。

流程二：接车。

车辆或宾客到来时，保安要立刻主动迎上去，举手敬礼，同时留意宾客的特点，及时为宾客提供服务。

流程三：泊车。

保安引导宾客将车停到指定停车场，为其安排车位；车辆停放好后，提醒宾客将车锁好。

流程四：请宾客下车。

待车停稳后，保安要为宾客打开车门，如果车内有女乘客，要先为女士开门。宾客下车时，保安要用手挡在客人头上，以免宾客碰到头。

流程五：登记。

保安登记宾客的车号及相关信息，比如来店时间、车损情况、车牌、房间号等。

流程六：引领。

宾客下车后，保安要引领宾客走到正门前，将宾客引领至迎宾员处，并协助迎宾员帮宾客打开门，伸手示意。

流程七：询问。

当宾客从店里出来时，保安要主动走上前，询问宾客是否需要叫车。如果宾客有需要，保安就要帮宾客把出租车招呼过来，拉开车门，送宾客上车。

流程八：引领。

如果宾客是开车来的，保安要将宾客引领至停车场，按存取程序把车取回来。之后，保安要主动拉开车门，送宾客上车，并欢迎宾客下次光临。

流程九：协助。

如果宾客携带较重、较大物品（如行李箱），要协助其将行李放到车上。宾客从车场将车开出时，保安要指挥车辆驶上马路，同时注意来往行人和车辆，以防发生碰撞。如果宾客没有开车，保安要问一下宾客是否需要打车；如果宾客有这个需要，保安就要为其招呼出租车，并打开车门，招呼宾客上车。

7.3.2 接待员服务流程

酒店接待员的服务流程如下。

流程一：准备。

迎宾、门童把宾客领入酒店时：听到迎宾报几位宾客后，接待员要立刻准备好手牌，等候宾客到来。

宾客距总台 1 米左右时：接待员主动向宾客表示问候，同时行 15 度鞠躬礼。

鞋吧埋单员出来到总台迎宾时：接待员把手牌交给埋单员，伸手为宾客指出要走的方向，并祝宾客洗浴愉快。

流程二：下单。

拿走手牌后，接待员立即开牌，准确记录同组宾客。发放完手牌后，要经常核对，以免开错手牌。

如果宾客很多，接待员要不时地跟埋单员、鞋吧服务员等进行手牌和鞋牌核对，保证准确无误。

流程三：推销。

给迎宾或宾客手牌时，接待员应问："先生/女士，需要为您预订包房吗？"同时，接待员还要问清楚宾客一共有几位、需要什么样的房型，准确告知宾客房间号。

流程四：开牌。

手牌发放完毕后，接待员要将其准确记录到宾客流动表上，然后将手牌号输入电脑。开牌时，必须将同来的宾客输入一个组合，后来的宾客（如停车的司机）也要输入该组合，并将手牌记录单合并在一起。当然，如果手牌无法确认，就不能强行并在一起，以免跑单。

7.3.3 收银员服务流程

酒店收银员的服务流程如下。

流程一：准备。

收到埋单员通知的即将离开的宾客手牌号后，收银员调出该手牌号及组合的消费单，将该手牌的消费情况告诉埋单员，提高结账速度。

流程二：埋单。

埋单员陪同宾客到总台，接过手牌，询问由哪位结账、采用何种结账方式等。

流程三：转账。

如果宾客先离店，由后走的宾客结账，要将前面宾客的消费额报给结账宾客，经结账宾客同意并在转账单上签字后，才能让对方离开酒店。

流程四：报账。

宾客给出结账方式，收银员找出账单，报出消费金额。

流程五：收款。

结账时，要唱收唱付；找零时，要将钱款递到宾客手中，不要将钱款直接放到吧台上，以免丢失。

流程六：开发票。

如果宾客需要，收银员要根据财务规定给宾客开发票。如果宾客提出特殊要求，不能擅自做主，需要向上级领导请示。

流程七：致谢。

明确结账方式后，收银员要立刻打印出结账单。宾客结完账走后，要表达谢意，并使用敬语欢送宾客。

7.3.4 鞋吧服务员服务流程

酒店鞋吧服务员服务流程如下。

流程一：准备。

听到迎宾唱报后，服务员要立刻将拖鞋准备好；之后，到接待处协助迎宾领客，协助宾客拿手牌。要求：不倚不靠、不扭曲身体，面带微笑、神情专注。

流程二：迎客。

如果宾客直接到了鞋吧，服务员要向宾客礼貌致意，接过手牌请宾客入座换鞋；同时，及时将鞋牌放入鞋内，之后将手牌递还给宾客；如果宾客想去客房，服务员要及时将宾客引领到电梯口，双手接过鞋子、手牌。

流程三：引领。

服务员要询问宾客皮鞋是否需要护理，将价格报给对方；然后，指引宾客进入更衣室，及时将鞋准确放入鞋柜；接着，登记宾客流动表并打扫好鞋吧卫生。

流程四：备鞋。

更衣室将宾客离店的手牌号传送过来时，服务员要提前将鞋准备好。

流程五：取鞋。

宾客到鞋吧时，服务员把鞋放到宾客面前（注意核实手牌，不要发错鞋），同时立刻将提鞋器递给宾客。

流程六：送客。

服务员引领宾客到总台埋单，之后礼貌地送宾客离开。

7.3.5 更衣室服务员服务流程

更衣室服务员的服务流程如下。

流程一：迎领。

更衣室服务员向宾客致意问好，接过宾客的手牌，看清后将宾客引领至更衣区。

流程二：开箱。

服务员将宾客引领到相应的更衣箱前，为宾客打开衣箱，替宾客更衣，协助宾客将衣服挂入衣箱，依次为外套、上衣、裤子、内衣（宾客走时，更衣顺序相反）。检查一下，看看更衣箱内的衣挂是否是按酒店的标准配置的，如果有问题，要及时补充。

流程三：推销。

在更衣过程中，服务员向宾客介绍更衣室的洗衣服务内容。

流程四：锁箱。

将宾客衣服及物品放好后，服务员锁上更衣箱，当着宾客的面拉一下，确认更衣箱已经锁好并告诉宾客；之后，将手牌递给宾客。

流程五：迎领。

宾客回到更衣室，服务员上前询问手牌号，之后为宾客开箱。

流程六：更衣。

如果宾客想取些物品，服务员就要侧身面向宾客，把箱打开；宾客取完物品后，服务员要将门锁好，然后为宾客指引路线。

如果宾客离店，要侧身面向宾客把箱打开，经过宾客同意，协助宾客从衣箱内把衣物取出来穿上；同时，还要分析宾客的需要，向其推销酒店商品。如果宾客有送去清洗的衣物，服务员要及时通知同事将洗好的衣物取回来。

流程七：关箱。

宾客穿好衣服后，服务员要提醒宾客拿好自己的物品；然后关上更衣箱。

流程八：结账。

服务员将手牌交给宾客，由相关人员带领宾客到鞋吧更鞋，埋单员引领宾客到总台埋单。

7.3.6 浴区服务员服务流程

酒店浴区服务员的服务流程如下。

流程一：引领。

更衣室服务员把宾客引入浴区时，服务员主动上前引领，引导宾客淋浴。

流程二：调水温。

到淋浴间，服务员帮宾客调到正常水温，调好水温后请宾客淋浴。宾客打浴液时，经宾客允许，可以协助其在背部打浴液。宾客离开淋浴间后，要及时清理并检查混浴阀是否归位，以防宾客烫伤和受凉水刺激；宾客淋浴后，服务员应及时为宾客披上浴巾，提供温暖服务。

流程三：泡池。

宾客淋浴出来后，服务员向他介绍各水池功能和桑拿房，比如泡池等，同时要提醒宾客注意水温、提醒宾客慢慢进入泡池。遇到醉酒或年老的宾客，要询问他是否需要饮品。宾客出池时，要多加关照。

流程四：推销。

宾客出池后，服务员询问宾客是否需要搓澡，如果宾客有需要，就将其引领到搓澡区。这里要安排专业的搓澡师，介绍的时候要实事求是；要尽量为宾客销售浴区的服务产品。

流程五：洗漱。

宾客到洗漱台洗漱，服务员为宾客打开牙刷，冲洗一下，挤上适量牙膏；之后，冲洗一下口杯，打上温水递给宾客；如果宾客要刮胡须，则要递上剃须泡和刮胡刀。

7.3.7 休闲厅服务员服务流程

休闲厅服务员的服务流程如下。

流程一：领位。

如果宾客到休闲区休息，服务员就要安排宾客到床位休息，之后给宾客介绍免费按摩间。如果宾客到客房休息却没有提前预约，要根据人数、需要和房间状况为宾客安排房间。

流程二：铺床。

服务员要提前为宾客铺好床；为宾客安排好床位后，经过宾客允许，为其打开电视。

流程三：销售。

服务员向宾客介绍一下厅内功能，推销商品，询问宾客需要什么商品，比如果汁、茶、酒等。同时，向宾客推荐按摩等服务，帮助宾客消除工作疲劳。

流程四：下单。

服务员及时下单为宾客送上所点食品，如果是茶水或饮料，要为宾客打开并倒好，请宾客慢用。离开时，要为其介绍床头柜的各种按钮功能，同时祝宾客休息愉快。

流程五：服务。

服务员看到或听到宾客需要服务后，应及时上前根据宾客需要为其提供相应的服务。

流程六：送客。

服务员检查设施设备是否完好齐全，关闭相关电器；如果设施设备有损坏，要及时通知总台和宾客，让宾客合理赔偿。为宾客指引通道位置，礼貌送别。

7.3.8 客房服务员服务流程

客房服务员的服务流程如下。

流程一：领位。

宾客到来后，服务员要问一下宾客预订了哪间房。如果宾客没有提前预订客房，要根据人数、需要和房间状况，通知总台合理安排房间；如果宾客已经预订了客房，要将宾客领到房间，打开房门，请宾客进入。

流程二：铺床。

要提前铺好床，请宾客进入，征求宾客意见；得到认可后，为宾客打开电视。

流程三：销售。

宾客进入房间后，服务员向其介绍房间功能，推销商品，询问宾客需要什么商品，比如果汁、茶、酒水等，同时，向宾客推荐按摩服务。如果宾客需要按摩，就要及时通知按摩部。

流程四：下单。

如果宾客有需要，服务员要及时下单为宾客送上所点商品，比如茶水等；收到后，为宾客打开并倒好，请宾客慢用。之后，下客房单并输入电脑做好记录。

流程五：服务。

接到服务电话，要在第一时间到达客房。进房前，要先敲门，经许可后进入，然后为宾客提供服务。

流程六：退房。

宾客离开房间时，服务员提醒宾客带好随身物品，为宾客指引离店通道。然后，检查房内设备设施是否齐全或损坏，关闭相关水电开关等，如果设施设备有损坏，要及时通知总台和宾客，让宾客合理赔偿。

7.4 宾客维系设计

酒店宾客维系指的是在宾客入住前、入住中或入住后的服务，对宾客的后续服务跟进、对会员及协议宾客等的联系。比如，在节日或生日，酒店给宾客发短信或邮件表示问候，促进二次营销，让宾客继续来酒店入住。

回头客是酒店可持续发展的基石。酒店上下每分每秒的服务努力都是为了给宾客带来无瑕疵的服务，用满意的体验赢得回头客。

要点一：宾客让渡价值和宾客满意度。

关于这一点，首先要理解几个公式。

宾客让渡价值＝总宾客价值－总宾客成本

总宾客价值＝产品价值＋服务价值＋人员价值＋形象价值

总宾客成本＝货币成本＋时间成本＋体力成本＋精力成本

宾客是让渡价值最大化者，他们会塑造出一个价值期望值并实践它。宾客通常都会从能提供给他们最高宾客让渡价值的酒店购买产品和服务，如果酒店的让渡价值没有优势，就要在增加总宾客价值的同时，减少总宾客成本。

宾客满意度是产品认知绩效和购买者经验的函数。高度的宾客满意度会带来极高的宾客忠诚度。如今，许多酒店只有一个目标——TCS，也就是所谓的让顾客全面满意。对以宾客为中心的酒店来说，宾客满意不仅是一个目标，更是一个营销工具。

某酒店在设计酒店服务指南时，就给出了如下的承诺："我们的工作目标是确保您在我们酒店下榻期间圆满舒适。如果您有任何不满和意见，请与我们的值班经理和前台员工联系。我们保证做到及时改正，否则您有权拒绝支付该部分费用。"

这一承诺显示了酒店对自己的服务质量的信心；同时也表明该酒店在当地市场上处于强有力的竞争地位，宾客满意度在市场上遥遥领先。一旦给出这样的承诺，就要让员工来具体履行。

要点二：吸引与维系宾客。

资料显示，吸引一个宾客的成本是维系一个现有宾客成本的五倍。因此，酒店营销的一个主要工作就是维系宾客。

维系宾客的关键是关系营销。为了使宾客满意，酒店要在产品上增加财务和社会利益，在酒店和宾客之间搭建一条结构性关系纽带。在这个关系营销中，酒店工作人员就是参与者，在行销过程中起着至关重要的作用。因此，酒店要实施全面质量营销。

酒店的产品质量从设计时就要把好关。质量是酒店产品和服务的特色综合，如果想保持偿付能力、延长企业生命并盈利，就要执行全面质量管理计划，创造价值，提高宾客满意度。

进行全面质量管理不仅要花精力和时间改善外部营销，还要改善内部营销。当产品不尽如人意时，一定要如同宾客那般表现出不满意。一定要让酒店营销成为宾客的看门人和保护人，自始至终都要"最好地为宾客解决问题"。

在以质量为中心的酒店，营销部门担负着两个任务：第一，参与制定旨在帮助酒店通过全面质量管理获胜的战略和政策；第二，在生产质量外传递营销质量，做好酒店内部的销售，让内部宾客满意，从而进行营销。每项营销活动，如营销调研、销售人员培训、酒店产品知识培训、菜肴知识培训、广告、宾客服务等，都必须执行高标准。

要点三：维护客户关系五要素。

在维护客户关系的过程中，要注意五个要素，分别是态度、立场、情商、权限和方法。

（1）态度。态度诠释着酒店工作的最终目的，指导着酒店的思想和行为方向。为了塑造更好的、更完美的宾客体验，让更多的宾客给出“非常满意”的评价，遇到客户投诉，员工就不能跟宾客分对错、争高下，要尽力提升宾客体验。

（2）立场。为了维护客户关系，酒店要站在宾客的角度去做决策、解决问题。虽然可以为宾客体验做些妥协，但一定要在搞清事情的缘由后再冷静决定，不能肆意答应或拒绝宾客。

（3）情商。情商是处理宾客投诉、维护客户关系的重要能力。宾客的投诉通常可以分为真诚的、情绪化的、投机的、程序化的。在处理宾客问题时，员工只有以稳定的、理性的心态来控制自己的情绪，才能冷静地判断宾客需求，才能理解并化解宾客的情绪波动，促成问题圆满解决。

（4）权限。权限是处理客户关系时的一个决定性因素。员工的权限大致可分为三种：岗位上赋予的、协调获得的、申请获得的。只重视自己在岗位上白纸黑字规定的权限，只用它们来解决问题，员工权限永远不够用。因此，酒店要鼓励员工与其他部门同事协调，让他们获得更多的帮助、做更多的事，不断扩大权限。

（5）方法。维护客户关系的方法有很多，但概括起来不外乎这样几种：理智倾听、向宾客提供解决方法、跟进解决、给宾客惊喜。要想理智倾听，就要让员工具备主人翁精神；要想向宾客提供解决方法、跟进解决和给宾客惊喜，就要让员工运用、协调甚至申请自己的权限，为宾客提供满意的解决方法、重塑他们的信心。

总之，在维护客户关系的过程中，一定要让相关工作人员记得：只有将心态与思想调整到正确位置，才能产生适当的行为，才能取得令人满意的结果，才能让酒店获得众多回头客，从而提高收益。